明鉴 周其星————主编 汐

讲给孩子的百年梦想 ⑨

身边人的故事

深圳出版社

图书在版编目（CIP）数据

讲给孩子的百年梦想. ⑨, 身边人的故事 / 明鉴，周其星主编；沈璐容著. -- 深圳：深圳出版社，2024.10. -- ISBN 978-7-5507-4085-3

Ⅰ. K820.7

中国国家版本馆CIP数据核字第2024TT4768号

讲给孩子的百年梦想⑨：身边人的故事

JIANG GEI HAIZI DE BAINIAN MENGXIANG⑨: SHENBIANREN DE GUSHI

出 品 人　聂雄前
责任编辑　邱秋卡
责任校对　何廷俊
责任技编　梁立新
封面设计　Yoorich Studio

出版发行　深圳出版社
地　　址　深圳市彩田南路海天综合大厦（518033）
网　　址　www.htph.com.cn
订购电话　0755-83460239（邮购、团购）
设计制作　深圳市龙瀚文化传播有限公司 0755-33133493
印　　刷　深圳市希望印务有限公司
开　　本　889mm×1194mm　1/32
印　　张　6
字　　数　77千
版　　次　2024年10月第1版
印　　次　2024年10月第1次
定　　价　29.80元

序言
百年梦想，筑梦儿童

从1921年到2021年，百年时光成就百年梦想，中国绽放着璀璨的红色光芒！

看今日之中国，气象万千，山河壮美，人民幸福，国泰民安。有今日之成就，我们不要忘记曾经走过的路；要走好今天与未来的路，就莫要忘记前面引路的人。正如习近平总书记告诫我们的："一切向前走，都不能忘记走过的路；走得再远、走到再光辉的未来，也不能忘记走过的过去，不能忘记为什么出发。"这就是我们不忘初心的原因。

习近平总书记还特别强调，要"大力发扬

红色传统、传承红色基因，赓续共产党人精神血脉，始终保持革命者的大无畏奋斗精神，鼓起迈进新征程、奋进新时代的精气神"。

不忘初心，方得始终。为庆祝建党百年，我们邀请了全国知名儿童阅读推广人——周其星老师和他的写作团队，一起编写了百年来为国家做出巨大贡献、在自己的专业领域里开创出一片光辉前程的卓越人士的动人故事——"讲给孩子的百年梦想"丛书。

丛书第一辑从"书画家""教育家""科学家""体育人""文学家""音乐家""英雄先烈"七个领域，选编出最能触发社会关注的典型人物的感人事迹，广泛征询了社会各方面意见，特别邀请了中国社会科学院、中国科学院大学的专家学者进行审阅指导，最终在海天出版社（现深圳出版社）的大力支持下顺利出版，与读者见面。

此外，九三学社深圳市委员会一直高度关注儿童的健康成长，尤其重视青少年的思想教育。

对这套丛书，从一开始的创想到后续的走进街道社区、走进学校课堂、走进边远地区等一系列红色公益助学活动，他们始终与我们并肩站在第一线。

在此，向所有助力本套丛书的朋友致敬且一并感谢！

早在2019年，笔者就怀有一个梦想，希望能为我们的孩子做点有意义的事，希望他们的阅读视野里多一些闪闪发光的真英雄，希望他们知道今天的幸福生活来自哪些人的奋斗和努力，希望社会各领域的优秀人物被更多人看见……

当年的梦想已经变成现实，"讲给孩子的百年梦想"丛书出版后，深受读者朋友们的喜爱，正被万千儿童阅读。梦想的种子已经种下，伟大的故事正在传播。丛书还被《人民日报》推荐，先后入选"全国百班千人读写计划"共读书单、新疆新闻出版"东风工程"赠阅书单，以及海天出版社2021年度"十大好书"等。

在此激励下，我们继续组织编写了第二

辑丛书。这次，我们除了延续第一辑中"书画家""科学家""文学家""英雄先烈"四个领域的传奇人物故事外，还新增了"实业家""身边人"的动人故事。

未来，我们还将不断地精心选题，决心把"讲给孩子的百年梦想"系列丛书持续编写下去……

十年树木，百年树人。希望我们的孩子，通过阅读丛书，学会发现平凡中的伟大，懂得坚持中的不朽。

这是故事的力量，更是梦想的力量！

中国优生优育协会是一个为促进中国优生优育事业的发展、为中国人民的幸福健康、为中华民族的伟大复兴而不懈努力的群众团体。红色文化传承工作委员会隶属于中国优生优育协会，致力于中国红色文化的传承与教育工作。

我们衷心希望并且笃信，通过阅读这些先进人物的光荣故事，孩子们能够从小奠定精神的底色，成长为民族的脊梁、国家的骄傲；通过阅读这些英模追求梦想的故事，我们的孩子可以汲取无限的力量，遇见更好的自己。

祝福我们的孩子，越来越快乐！

祝福英雄的人民，越来越幸福！

祝福伟大的祖国，越来越强盛！

祝福当今的世界，越来越和平！

中国优生优育协会副会长

红色文化传承工作委员会主任

明鉴

2023年9月25日

目录

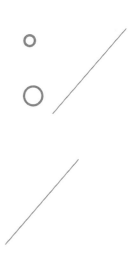

"绿色长城"设计师——刘铭庭

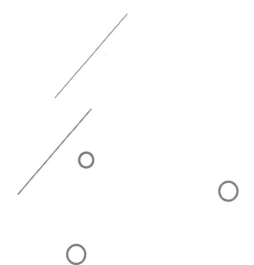

刘铭庭（1933— ）

植物学家，世界著名沙漠化防治专家。山西万荣人。长期从事沙漠治理研究，发现了柽柳属五个新种，将中国的柽柳植物研究推向世界领先地位。退休前系中国科学院新疆生态与地理研究所研究员、新疆于田县大芸种植场场长，被誉为"人工肉苁蓉之父"。曾获联合国、国家、省部级奖二十八项，是世界范围内在防治荒漠化领域获得国际奖项最多的科学家，被联合国环境规划署专家组尊称为"刘红柳"。荣登"中国好人榜"，先后获"最美支边人物""最美奋斗者"称号，被评为"全国离退休干部先进个人""百名优秀老科技工作者"。

孩子们，你们知道吗？在我国新疆地区，有着世界第二大流动沙漠塔克拉玛干沙漠。这个沙漠的名字在维吾尔语里是"进去就出不来"的意思，因此塔克拉玛干沙漠也被形象地称作"死亡之海"。以前的塔克拉玛干沙漠风沙漫天，没有经验的人一不小心就会陷进沙尘里。而今，一望无际的沙漠却在南缘有着一大片绿洲。这片焕发着盎然生机的绿洲名叫"于田县大芸种植场"。这条"绿色长城"，这个"沙漠奇迹"，正是刘铭庭主持开辟的。

初到"死亡之海"

时间穿梭回1957年的夏天，刚满二十四岁的刘铭庭从兰州大学生物系毕业了。在听到导师号召"有志青年应该去支援国家边疆建设"时，他的心里燃起了熊熊烈火，迫不及待地在深夜写下一封长长的自荐信。几经波折，这封信最终到了时任国家高等教育部部长杨秀峰的手中。杨秀峰看着这封长长的信，眼眶不自觉地湿润了起来。信里写满了刘铭庭想通过自己的努力去支援边疆建设的强烈愿望，字字有力，充满了对祖国的爱。杨秀峰感动不已，他支持并赞许刘铭庭的想法。过了一个多星期，刘铭庭接到通知，如愿被分配到中国科学院新疆分院生物研究室（现中国科学院新疆生态与地理研究所）从事治沙工作。那时，中国科学院新疆分院生物研究室刚刚成立，一切都要靠自己边干边总结经验。

　　初到塔克拉玛干沙漠，刘铭庭被眼前的景象震惊了。烈日炎炎，飞沙漫天，干燥的空气里像有火焰被点燃一般，连呼吸都能够感受到难以忍受的高温。因为条件受限，考察的时候，车子是进不去的，必须徒步前往考察点。这一条沙漠里的路对于当地人而言都艰难无比，更何况是刘铭庭这个初来乍到的外地小伙子。走着走着，热浪促使他本能地拿起水壶咕噜咕噜地喝了起来，可是这水只能短暂缓解严酷高温天气带来的不适。很快，刘铭庭便因体力不支中暑晕了过去，幸好遇到了有经验的当地群众，在他们的帮助下，他才得以化险为夷。正是因为这次经历，刘铭庭更坚定了留下来攻克荒漠化难题的决心，对他而言，只有利用专业知识找到优良的固沙植物，当地的生态环境才能够得到改善，他也才能真正实现自己支援边疆的价值。

发现柽柳新种

不知不觉，刘铭庭来新疆已经两年了，其间，他经常深入沙漠腹地开展调研。靠着自己扎实的专业知识和从学校背来的几本治沙图书，他默默地钻研，结合实地考察，形成了自己的一套理论知识，这也为他日后写作《中国柽柳属植物综合研究图文集》奠定了基础。

　　1959年夏天，中科院成立了治沙队，决定对我国沙漠进行全面系统的综合考察，长年驻扎在塔克拉玛干沙漠的刘铭庭自然加入了塔里木东部考察队。考察队的工作十分辛苦，白天到沙漠调研，晚上将情况进行汇总。单调的考察的生活就这样日复一日地重复着，直到有一天，刘铭庭在茫茫沙漠的一隅发现了一株与众不同的柽柳，它直直地生长，叶子抱着枝干。刘铭庭欣喜若狂，这显然是一个新发现的物种。回到驻地，他便连夜挑灯，写了一篇关于在塔克拉玛干沙漠中发现柽柳新种的文章，这篇文章最后发表在了《植物分类学报》上，从此，这个柽柳有了自己的名字——"塔克拉玛干柽柳"。

　　刘铭庭在发现"塔克拉玛干柽柳"后，全身心投入到对柽柳的研究中，通过技术改良寻找培育柽柳的方法。同时，他带着身边的工作伙伴，合力寻找更多的柽柳踪迹。从1959年到1983年，刘铭庭团队先后发现了"莎车柽柳""塔里木柽柳""金塔柽柳""白花柽柳"等多个柽柳新种。故事讲到这里，就不得不给你们介绍一下这奇特的白花柽柳啦！其实，柽柳除了能长出绿色的叶子，还能开出红色或粉红色的花。刘铭庭心里种下了一粒种子，希望有朝一日在沙漠腹地见到如"千树万树梨花开"一般的美好景象。1983年的夏天，刘铭庭在孔雀河下游一个山谷里考察的时候，发现了一株别样的柽柳，这柽柳竟开着白花，刘铭庭带回了其中一枝，在吐鲁番实验室进行无性繁殖。后来，繁殖成功的柽柳又开花了，颜色就像天山上的白雪一般，这跟刘铭庭此前想的景象不谋而合，于是他把这个新品种定名为"白花柽柳"。

为百姓治沙，成功种植大芸

一边是不断发现柽柳新种的喜悦，另一边则是研究固沙方法时遇到瓶颈的烦恼，刘铭庭就是怀着这样复杂的心情，时常挑灯夜战。在刘铭庭把所有心思都放在研究固沙植物时，他已经把这些植物的完整生长周期深深镌刻在脑海里，包括它们的习性、繁殖条件和生态环境等。只要这些植物一到繁殖时间，他便准时出现在它们身边，收集植物的果实。在一次又一次的试验下，刘铭庭终于找到了柽柳的引种方法。紧接着，他投入到对柽柳的引种、育苗、造林和综合开发的长期试验和研究中。试验和研究是一个漫长而枯燥的重复过程，是在无数次的失败中找寻一丝成功的希望，但刘铭庭从未有过半途而废的想法。

　　1982年春天，刘铭庭在晚饭后接到了来自当地自治区政府的通知，策勒县县城外1.5公里的地方，流沙前锋咄咄逼近，急需研究所科研人员来指导群众防风治沙。作为新疆25个国家级贫困县之一的策勒县长期受风沙威胁，恶劣的生态环境使该地区的经济止步不前，甚至出现倒退的趋势。

　　在与团队反复探讨后，刘铭庭决定采用"生物防沙和工程防沙相结合"的技术，通过大面积种植柽柳进行固沙，同时用山洪冲刷的方法，对柽柳进行播种繁育。为了与时间赛跑，团队决策与实施同步进行，刘铭庭带领着策勒县的百姓说干就干。他们建立"策勒绿洲外围的综合防沙体系"，在沙漠和绿洲之间建起一条"过渡带"，农民在"过渡带"上种植农作物。不久后，随着策勒县绿洲面积的增加，流沙前锋后退了。经过多方努力，本应5年完成的任务，最后仅用3年便完成了。

1995年，在刘铭庭的带领下，沙漠研究站的"策勒流沙治理研究"和"盐碱地、沙地引洪灌溉大面积恢复红柳造林技术"两项研究成果被联合国环境规划署授予了"全球土地退化和荒漠化控制成功业绩奖"。与此同时，刘铭庭实验田里的红柳苗株的数量也由每亩5万株提高到每亩50万株，扦插育苗亩产12万株，创造了新的世界纪录。

除了防风固沙的科研工作，刘铭庭还在策勒治沙站同步研究"柽柳肉苁蓉人工接种"。说起肉苁蓉，肯定有很多小朋友会疑惑它是什么。其实这是一种沙漠里极其珍贵的药材，它还有另外一个名字——"大芸"。这种植物多寄生在柽柳、梭梭或白刺等植物的根部，被大家称为"沙漠人参"，是国家二级重点保护野生植物。这种珍贵药材的市场需求量极大，在当时却无法通过人工种植的方式实现量产。刘铭庭心想，如果能够人工种植这种植物，那么贫困地区的百姓就找到了致富的渠道。为此，他铆足干劲待在自己的实验室里种植大芸，在多次实验之后，他终于取得成功，实现了世界范围内该项技术零的突破。

退而不休，带群众致富

1995年，已逾退休年龄的刘铭庭收到了新疆和田地区于田县政府的来信，希望他能亲授人工培育大芸的技术，带领当地群众"沙海淘金"，开辟致富道路。刘铭庭一接到邀请，便与策勒治沙站的负责人联系，拉了2万株培育好的红柳苗前往于田县的奥依托格拉克乡。刚到奥依托格拉克乡，刘铭庭顾不上休息，当下便组织当地百姓在沙堆中平整出一块试验地试种大芸。一起开辟试验地的村民无不感慨，眼前的老人虽已白发苍苍，却似乎有着无限活力。他毫无架子，一点都不像别人口中所说的难以接近的"科学家"。刘铭庭说话十分接地气，用浅显易懂的语言给当地老百姓解释艰涩难懂的科学术语，这让大家十分愿意与他亲近。

刘铭庭沉迷于工作，常常到废寝忘食的地步，作为妻子，储惠芳终究放心不下，便与儿子一同从乌鲁木齐搬到试验地里。储惠芳始终无法忘记当时的艰苦环境：试验地三面环沙，周围一户人家都没有。沙漠里没电没水，都不知道刘铭庭这些日子是怎么熬过来的。勤劳善良的储惠芳自建了几间房，买了一架毛驴车、一个桶。每次需要喝水的时候，储惠芳就赶着毛驴车去涝坝里面舀水。水里面虫子很多，可为了解渴只能当作看不见。一开始，她很想劝丈夫离开这里，但跟当地群众相处久了，储惠芳也理解了丈夫的选择。这里的农民家徒四壁，很多人没有稳定的收入，大部分人过着自给自足的小农生活，时常还会遇到粮食不足的情况，需要东借一点西借一点才能勉强度日。现在丈夫带来了先进的大芸种植技术，这无疑给他们带来了致富的曙光。想到这儿，储惠芳决定站在丈夫身后，做他坚实的后盾。

而此时，刘铭庭的内心忐忑不安，他非常担心人工养殖的大芸没办法在这片土地上顺利生长，让大家失望。于是他苦心钻研，夜深人静的时候，他经常一个人偷偷溜到试验地里，挖开沙地看大芸有没有长出来。终于有一天，他发现沙地里的大芸密密麻麻地冒了头。人工肉苁蓉在于田试种成功了，他开心地手舞足蹈。孩子们，你们能想象到吗？一位两鬓斑白的花甲老人，独自坐在试验地里，手里拿着大芸反复端详，月光洒在他的身上，他像个孩子一样偷偷地抹着眼泪。

那一夜，眼泪和大芸都在月光下闪闪发亮。

大芸种植成功后，刘铭庭并没有立即离开于田县，他没有忘记自己当初的承诺——带百姓真正实现脱贫致富。谁承想，这一待就是20年，哪怕条件再艰苦，这位老人也从未想过离开。在刘铭庭和当地政府的推动下，"红柳大芸"慢慢被市场认可。随着红柳大芸种植技术的广泛传播，和田地区的大芸产量逐年增长，慢慢成了我国大芸的重要产地和集散地。

刘铭庭免费发放红柳苗、教大家种大芸以及种植红柳大芸能致富的消息从村里传到县上，再传到毗邻的县城，越传越远。很多人慕名前来学习种植技术，刘铭庭总是热心地接待他们，他家的客厅时常挤满了人，你一言我一句，热闹非凡。他当之无愧地成了当地人心中的"红柳大大"（"大大"在维吾尔语中有"爸爸"之意）。孩子们，你们是否为刘铭庭爷爷的赤子之心所感动，为他坚持科研的精神所鼓舞？如果是的话，你可以把他的故事分享给你身边的人，让大家跟你一起感受这份信仰的力量。

后来，和田地区于田县顺势建立了"红柳大芸基地"，将数百万株红柳栽种在广袤的沙漠边缘，大芸种植面积达数十万亩，产量不断提升。经济发展起来了，自然环境也改善了，农民的毛驴车换成了小轿车，新房子也盖起来了，大家过上了幸福生活。在刘铭庭的帮助下，20万人摆脱贫困走向小康。为了帮助更多的农民实现"红柳致富梦"，如今，耄耋之年的刘铭庭忍着病痛，依旧坚持走村入户，在田地里指导农民科学种植大芸……在这一望无垠的沙漠里，刘铭庭在实际行动中倾注了无限的爱，从未停下过脚步。

随着时间的推移，刘铭庭的红柳大芸逐渐为人所熟知，走出新疆，走向了甘肃、内蒙古等地的沙漠地区，帮助各地成功攻克了土地荒漠化等问题。不仅如此，红柳也从沙漠走向黄河入海口，参与治理盐碱化严重的土地。

刘铭庭家里挂着一张他最珍爱的照片，照片上是生长在海边的红柳，那郁郁葱葱的模样展现着生命的不屈和坚韧。只要家里来了客人，他便像孩童展示自己心爱的玩具一般为客人介绍这张照片。如今的他仍不愿停下自己的脚步，因为他觉得人生来就是肩负使命的，他的使命就是带领百姓攻克荒漠化问题，让他们用种植技术真正实现脱贫致富。

忠于党和人民，守一方土地

就这样，这位名叫刘铭庭的昔日青年，怀着一腔热血，带着远大志向，在新疆塔克拉玛干沙漠一待就是六十几年。他一刻都不曾停歇，总是不知疲倦地绕着沙漠里的试验地一圈又一圈地研究，想尽一切办法，研究遍植柽柳的方法，并为沙区百姓提供致富可能。

刘铭庭始终把《中国共产党章程》牢记于心，把党徽戴在左胸口离心脏最近的地方。他总说："我是中国共产党培养起来的大学生，理所应当要为了共产主义事业奋斗终生。我们党就是全心全意为人民服务的，我只是在践行一个公民、一名党员、一个支援边疆的志愿者应该做的事情。"刘铭庭确实做到了"听党的话，好好工作，哪里需要他，他就在哪里"。这么多年来，他时刻谨记"为人民服务"，哪怕一生只做一件事，那也是对人民有利、对社会有贡献的事。

刘铭庭团队不仅守护了自己祖国的绿洲，还将中国的治沙经验与技术推广到了全世界，帮助世界各地沙区居民筑起"绿色长城"，呵护美丽的地球家园。

此刻，站在沙漠里迎着风沙的刘铭庭已过鲐背之年，如今的他已经是世界著名的治沙专家。由于他在治理荒漠化领域的突出贡献，他先后获得了联合国环境规划署、国家及省部级的多项嘉奖。这些荣誉无疑是对他多年坚守的肯定，但刘铭庭从不在意这些奖项，于他而言，他更希望自己像柽柳一样深深扎根，无怨无悔地守护这方土地。哪怕已经到了颐养天年的年龄，他依旧热心于防风固沙这件事。那些在沙漠中由他培养而成的柽柳，正如他一般，哪怕面临诸多困难，也未曾退缩半步，始终如一地守护着脚下的土地以及这片土地上的人民……

"司令"村官——李元成

李元成（1949—　）

湖南常德人。高中毕业后曾在生产队当过队长、会计，二十一岁时应征入伍，来到广东的雷州半岛服役，先后任师作训科科长、集团军战勤处处长、师参谋长、副师长、广东省深圳警备区副司令员等职。近四十年的军旅生涯中，参加过多次实兵实弹演习，多次立功受奖。2005年，他义无反顾地放弃了在一线城市颐养天年的退休生活，回到家乡，近二十年如一日，带领贫困山村的父老乡亲脱贫致富。

"金带连环束战袍，马头冲雪度临洮。"每每读到描写军人征战沙场的诗歌，很多人都禁不住心潮澎湃，感慨他们的英雄气概。但事实上，"铁汉"并不是中国军人的全部形象，他们往往还有着无法言说的"柔情"，用"铁汉柔情"来形容中国军人，再适合不过了。

有这么一个退伍军人，他已然到了颐养天年的年龄，却毅然决然地放弃舒适的养老生活，选择回到最初生养他的土地继续奉献，这一切只为履行年少时许下的承诺。曾经身为副司令员的他，完美诠释了"将军"能够带领士兵打胜仗，也能够带领百姓冲破重重难关，脱贫过上富裕的生活。这位可敬可爱的军人便是李元成，在这片土地上，大家亲切地喊他"李司令"。这个"李司令"可不简单，在回到家乡的近二十年里，他带领村民建校、修路、办专业合作社……就这样，创造了一个奇迹：偏远的贫困山村摇身一变，成了新农村建设的示范村。

退而不休，"司令"变村官

时光倒回到1968年的一天晚上，夜色朦胧，李元成的父亲倚靠在木门上抽着烟，月光把他的身影拉得很长很长。明天，年满十九岁的李元成就要远行，他要走出这个生养他的湖南小村庄，入伍参军。父亲看着月光下宁静的村庄，叹了口气："儿啊！咱们这个村子可出了很多勇敢的人，你一定不能给咱们村丢脸。别忘了你是从哪里走出去的，别忘了你是在刘炎村长大的，别忘了咱们村的名字叫啥！爹希望你谨记一名军人应有的作风，如果可以，等你以后有出息了，别忘了回到村里来。咱们村穷，如果能帮帮村里的人，那也算是咱们老李家的荣光了。"

李元成哪里敢忘记啊！刘炎村的名字源于一位大英雄——刘炎。这位英雄是他心目中的榜样，作为抗日将领、新四军第一师政委，刘炎从未忘记自己报效祖国的初心。现在，李元成要告别父母去参军，他下定决心要以榜样为力量，牢记为国为民的使命。自己虽然出生在英雄的家乡，但这里的贫穷也让人心生疼惜。刘炎村附近群山竞秀、绿野丛生，是马鬃岭镇地势最高的地方，有着独特的自然风光。但也正是这特殊的地理条件，使得村里长年道路不通，很多运输车辆进不来，村里人辛苦种植的柑橘只能默默地烂在橘园里……因此，刘炎村建村以来一直在贫困里挣扎，周围十里八村流传着一句话："嫁女不嫁刘炎村。"父亲的叮嘱让他明白，只有走出去才能变得强大，这也让他感觉到了自己肩上的使命。

就这样，时光一路推着他往前走，年轻的李元成来到部队，通过自己的勇敢、勤奋和努力，从普通士兵一步步成长为广东省深圳警备区副司令员。这么多年来，每当夜深人静的时候，月光下父亲的背影和当年自己的承诺就会浮现在脑海里。1999年春节，李元成回乡探亲，天刚蒙蒙亮，他就看到村里的孩子们背着书包，行色匆匆地赶着路。李元成看他们步履匆忙，便询问道："孩子们，你们这是去上学吗？上学要这么早就出发吗？""不早了，大伯。我们都快迟到了。从这里到我们学校要走一个多小时的路呢！"这么多年过去了，刘炎村还是没有自己的学校，村里的孩子要走四公里多的山路到其他地方上学。李元成本以为自己少时"读书难"的问题已有所改善，可今日所见还是令他大吃一惊。他想起了自己年轻时对父亲许下的承诺，想立刻回村，为建设自己的家乡贡献一份力量。但作为一名军人，他也得严守组织纪律，守住对党和国家的一片忠诚，于是他在心里默默许下心愿：眼下继续在部队做好各项工作，等退休后就回到家乡，带领乡亲们脱贫致富。

　　2005年的夏天，李元成到了可以退休的年龄。归心似箭的他婉言谢绝了深圳其他单位的高薪返聘，办理了退休手续，回到了自己日思夜想的家乡。本应享受退休后幸福时光的他，却当上了刘炎村党支部第一书记。没有人知道李元成曾对父亲许下的承诺，所以，他的家人及刘炎村村民对他这样的举动充满了不解，毕竟放弃在一线城市养老而选择回到偏僻的小山村实在不是一般人会做的决定。一开始，刘炎村村民甚至还有点排斥他，总觉得像他这种级别的领导从深圳这样的大都市回来，如果不是为了名利，那就是来这边摆"官架子"或者是来秀优越感的，谁会相信他是真心来为百姓办实事的呢？但只有李元成知道，自己不是为了所谓的"官架子"，他生在刘炎村，长在刘炎村，太了解这里迟迟无法脱贫的原因了。农村的发展之所以落后，归根结底还是因为人才的缺失，没有为人才规划合理的发展路线，没有人才带头推动产业发展，没有人才开辟创新的道路，肯定是发展不起来的。李元成心里想：如果我的到来能够帮父老乡亲探索出一条建设新农村的路子，那这一份跨越几十年的承诺就是有意义的。于是，他下定决心，铆足干劲，准备将自己所剩的光亮尽情地燃烧在刘炎村这片土地上。

孩子们，信守承诺是多么美好的品质啊！在"李司令"身上，我们看到他为了履行对父亲的承诺，选择放弃安逸的退休生活，毅然决然地投身到"回乡助农"的事业里，这种品质值得我们学习。

往后的近二十年里，李元成用自己的实际行动改变了村民们最初对他的刻板印象，把全心全意为村民办实事放在最重要的位置，完成了父亲的重托，也为自己交了一份无愧于心的答卷。想知道他是怎么做到的吗？那我们就继续往下看吧！

面对困难，未曾言放弃

李元成还记得回到刘炎村的那天，他被眼前的景象惊呆了。一场大雨过后，山上的土路变成了稀泥路，踩在上面，脚会不由自主地陷进去，仿佛走进了沼泽地。道路的不通畅使得刘炎村难以和外界取得联系，以至于村里的经济始终发展不起来。村里交通闭塞，村民生活单调，读书困难，文盲多，经济发展水平低下……看着眼前的情景，李元成心里有种说不出的滋味。面对摆在眼前的重重困难，他并没有一丝退却。他决定把在深圳学到的先进管理经验用在自己的家乡上，带父老乡亲走出贫穷的泥淖。

俗话说得好，"要致富，先修路"。虽说这话不一定放之四海而皆准，但对刘炎村而言无疑是真理般的存在。由于刘炎村地势高，一下雨就导致山路泥泞，交通十分不便，因此失去了很多发展经济的机会。这些坑坑洼洼的路就是村民们的一块心病。鉴于此，李元成决定无论如何都要把家家户户门前的路先修好。修路面临的最大问题是缺乏资金。李元成连夜写了有关刘炎村修路的报告，提出了修路对刘炎村脱贫的巨大意义。他带着这份报告，跑遍了相关管理部门。他的坚持终于引起了上级主管部门的重视，刘炎村也由此筹集到了一部分修路所需的资金。为了节省开支，李元成扛着锄头亲自带领村民们修路。为了提高效率，李元成边干活边用带在身上的水和馒头果腹。填路基、拉沙子……他没有享受任何特殊待遇，哪怕已年过花甲，干起活来也一点儿都不含糊。他身上朴素的气质和吃苦耐劳的精神让一起修路的村民备受鼓舞。经过两年多的时间，刘炎村道路成网。这一巨变给了李元成更大的信心，他坚信刘炎村的经济一定能发展起来。

路通了，李元成开始琢磨建设居民小区，以方便管理，为村民生活提供便利。为动员大家集中居住，李元成在村里开了个动员大会，许诺凡在规定地段建房的，村里帮忙免费打地基，另外再赠送水泥板。面对如此优厚的条件，村民们积极响应，慢慢地，居民小区初见雏形。村民们生活在一起，邻里和睦，一片和谐。为了让村民的生活更加井然有序，村里还在小区水泥路的两旁配置了太阳能路灯、垃圾桶、垃圾站等设施。十几年的时间，这个偏远小山村发生了翻天覆地的变化，村民们终于有了属于他们的社区。为了让社区环境更上一层楼，李元成还带头领着村民们打扫卫生，并不时开办环境保护的讲座，告诉村民们爱护环境的重要性。在这样干净、整洁、有序的环境中生活，村民们的身心均得到了洗礼。

社区打造出来后，李元成又动起了发展农林经济的脑筋。通过调研，他发现刘炎村并非一无是处，柑橘产业一直是刘炎村的潜在商机。刘炎村的柑橘一直是享誉在外的，但由于信息闭塞、交通不便，往往收购柑橘的商人还没进村，柑橘季就已经结束了。因此，很多柑橘都被迫烂在果园里，种植柑橘的村民的积极性也备受打击，慢慢地，部分土地也被荒废闲置了。现在，刘炎村通往外界的道路已修好。万事俱备，只欠东风。为此，李元成不断琢磨，如果与采购商合作，通过在互联网上下单的模式，打通收购渠道，柑橘是不是就不愁没有销路了？说干就干，他选了一处地段建起了"柑橘产业合作社"，并在合作社边上修建了招待所。

通过早期的市场调研和招商，李元成写了一

份详细的计划书，寄送到外地果蔬企业手中。他自费拉来感兴趣的企业，带领他们走进刘炎村，了解刘炎村的历史以及盛产的柑橘。通过李元成的努力，刘炎村家家户户都重新种起了柑橘。柑橘产业合作社的成功，也让李元成看到了新的希望，特别是那些因为各种各样的原因而荒废的土地，也有了重新被使用的可能。

李元成的老邻居黄泽彪已将近九十岁的高龄，加上近几年疾病缠身，实在干不动农活，家中的三亩水稻田一直闲置着，虽然内心万分不舍，但是他也只能抛下之前用心耕耘的田地。李元成知道这个情况后，拜访了这位老大哥，与他进行了深入交流，并坦承了自己内心的想法。李元成打算成立"水稻专业合作社"，将村民手中闲置的土地租给没有地种的农民，然后他再负责找收购商收购粮食，这样不仅重新利用了闲置的土地，也可以帮助更多的农民创收。这样的闭环管理让稻田得以持续循环利用。水稻专业合作社成功后，李元成又用同样的办法成立了农机专业合作社。在李元成的努力下，刘炎村的经济扶摇直上，终于甩掉了"贫困村"的帽子。

重视教育，点燃新希望

多年来，李元成始终忘不了那年回家探亲时，在凌晨偶遇的那几个赶路上学的孩子。正所谓"教育兴则国家兴，教育强则国家强"，教育不仅决定着刘炎村的今天，也决定着刘炎村的未来。因此，他一心想改变村里的教育环境，为刘炎村的发展培育、储备人才。他决定在村里建一所集基础教育和成人教育于一体的学校，这样一来，孩子们不用起早贪黑地赶去其他地方上学，村民们也有机会接受更好的技能培训。一天，他和家人开了个简短的家庭会议，说出了自己内心的想法，但他的这个想法一开始并没有得到家人的支持，他们劝说李元成别再折腾了，建学校要考虑的东西可不像修路种地那么简单，资金、师资、教学设备等都是棘手的问题。但李元成骨子里镌刻的军人品质告诉他，做任何事情都不能轻言放弃。李元成拿出自己的二十万元积蓄当启动资金，再跑到市里、省里争取建学校的教育资金，同时不放弃任何一个募集办学资金的机会。经过没日没夜地奔波，他在半年多的时间里便筹措到了二百多万元。

为了尽快建成学校，李元成带领村民们一起加入施工队伍。学校落成后，准备在教学楼上挂上校训——"科学、勤奋、诚信、成才"，为了节约工期，李元成亲自把这八个大字背上了楼顶。每次说起这件事，学校原校长罗希元总是充满愧疚："'李司令'年龄那么大了，凡事还亲力亲为。"在李元成的影响下，越来越多的村民积极加入施工队伍："'李司令'能做到的事，我们没有理由不去做。"

学校落成后，大家一致认为应该叫"元成学校"，毕竟这个学校是李元成亲力亲为建起来的，如此称呼是理所应当的。但李元成摆摆手婉拒了："这是我们刘炎村的第一所学校，当然要叫'刘炎希望学校'，希望大家谨记刘炎的事迹，热爱祖国，热爱人民。同时，不放弃美好的希望，孩子是祖国的希望，知识是发展的希望。"在场的人听完李元成的话，无不深受感动。如今的刘炎希望学校，充满了琅琅书声和鸟语花香，也飘荡着村民们对知识和美好生活的向往。

在李元成的牵线搭桥下，刘炎希望学校的教职工每年都会与深圳部分学校的老师进行交流，这样难得的机会也让刘炎希望学校教师的教学水平得到了质的提升。为了丰富孩子们和教职工的课外生活，李元成还筹建了图书馆。每年儿童节和教师节，李元成都会带着自己用心准备的教学用品来学校看望师生，奖励在工作和学习中取得优异成绩的师生。因为李元成的坚持，刘炎希望学校的升学率逐年攀升。

除了普及基础教育，李元成还想继续加强成人教育，于是，"村民夜校"应运而生。为了激励大字不识的村民们积极学习文化知识，李元成还设置了现金奖励。谁坚持来夜校上课，谁就能获得五十元的听课费奖励。这个办法果然效果显著，原本对读书学习毫无兴趣的村民，纷纷来到课堂"充电"。慢慢地，村民们尝到了吸纳新知识的甜头，哪怕取消了现金奖励，他们也会主动来听课学习。

为了让村民们掌握更先进的农用技术，学到更多为人处世的道理，夜校在每月的第一天都会举办"每月一讲"活动，内容十分丰富，讲科技致富、讲培管土地、讲如何做人……李元成不仅自己上台给大家讲课，还邀请农业方面的专家或高校的老师前来助阵。"每月一讲"的活动一办就是十多年，哪怕刮风下雨也从不间断。每到开讲的日子，教室内外都被挤得满满当当；碰上好天气，甚至还要将课堂移至操场，以便容纳更多前来听课的村民。村民学习的热情也感动了前来教学的专家和老师，他们经常讲到忘了时间，有的专家和老师自愿成为"每月一讲"的固定教师，为刘炎村的村民们持续带来"知识盛宴"。

正是由于李元成对教育的执着与坚持，刘炎村的文盲越来越少，村民大多经历了从目不识丁，到会写自己的名字，再到能看懂图书馆里的图书的过程。也正是这份坚持，使刘炎村搭上了经济高速发展的时代列车，村民们开网店、做直播，拓展了许多线上渠道，为自家的农产品进行推广宣传，也为刘炎村的经济发展注入了力量。

教育实在是太重要了！孩子们，读到这儿，你们是否和我有着同样的感受？坐在书桌前的我们正是借助文字，才拥有了更多接触广阔天地的机会。希望我们能够谨记学习的意义，用知识来丰富自己的人生。

村里的经济慢慢变好了，提供的就业岗位不断增加，越来越多的年轻人愿意留下来建设家乡。为了让村里的后辈更了解刘炎的英雄事迹，也为了激励后辈向刘炎学习，李元成提议修建"刘炎烈士纪念亭"。每年的清明节和"八一"建军节，学校都会组织师生以及党员干部开展相关的纪念活动，也会请刘炎的后代给村民宣讲英雄故事。这一系列的爱国教育活动唤醒了群众"爱党爱国爱家乡"的思想意识，激发了村民建设刘炎村的无限热情。

坚守承诺，守护刘炎村

刘炎村的日子一天比一天好，李元成兑现了对父亲的承诺，用自己的余生守护刘炎村。回想起回到刘炎村的第一天，这里什么都没有，而现在采购商的货车在村里的公路上来来往往，学校师生朝气蓬勃，度假别墅热闹非凡……每每看到这些，李元成内心的喜悦都无法用言语表达。

在前往刘炎村的路上，汽车翻越一个又一个小山丘，然后钻进一片绿色的海洋，村里成片的小洋楼就藏在这片绿色的海洋里。远处有波光粼粼的湖面，依山而出的稻田慢慢映入眼帘，偶尔有白鹭在田间起舞。下了车，就能看到成片的柑橘园，不远处的玉米地也别有一番景色……这样的美景宛如人间仙境。而这眼前的美景正是李元成牺牲了自己晚年的安逸生活而勾勒出来的。在他的身上，总能感受到一种"舍小我，成大我"的精神，他带领群众追求共同富裕的执着精神让人感动和敬佩。

李元成做的每一件事都让村民们切实感受到了村里的变化。这位以军人身份退休的村干部凡事都亲力亲为，没有任何官架子，村民们是发自肺腑地喜欢他，总是会亲切地喊他"李司令"。这么多年过去了，李元成早已白发如雪，瘦小的身子里满是疲惫，但与人交谈的时候，声音依旧温暖且铿锵有力。他用尽自己的全力去兑现承诺，牢记为国为民的使命，这就是军人的本色。

孩子们，此刻看书的你们在李元成身上学到了什么，或者感悟到了什么吗？时代在变化，但是人们追求美好生活和积极向上的精神是不会被轻易改变的。生活里很多事情，值得我们用一生去追求和守候，比如梦想、爱心、承诺、为人民服务……

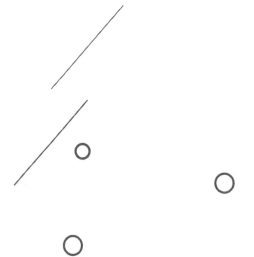

"养鹅大王"——纪永齐

纪永齐（1959—　　）

河北廊坊人。三岁时被确诊为小儿麻痹症，被迫退学，后靠自学服装剪裁，成了远近闻名的"纪裁缝"。他创办学校，免费招收残疾人，很多残疾人在他的帮助下有了一技之长，不用再为生计发愁。此外，他还成立了城乡残疾人培训基地，帮扶八百余名残疾人发展家庭养殖业，带动许多残疾人过上"正常人"的生活。2013年，纪永齐的培训基地被中国残疾人福利基金会授予"集善嘉年华"农村残疾人扶贫基地；2014年，又被河北省残联定为"农村残疾人扶贫基地"。

"人的一生可能燃烧也可能腐朽，我不能腐朽，我愿意燃烧起来！"这是苏联著名作家奥斯特洛夫斯基说的，他在全身瘫痪的情况下，凭借顽强的意志力写下了《钢铁是怎样炼成的》。身残志坚的纪永齐也有着钢铁一般的意志，他用实际行动展现了逆境中勃然向上、自强不息的生命力，以及对人性美的追求。

把坚强书写进生命里

六十多年前，一声婴儿的啼哭划破夜空的寂静，纪永齐出生了，家人的笑声很快便淹没了他的啼哭声。在父母的怀里，他总是机灵地眨着大眼睛，可爱的模样让大家对这个孩子的未来充满期望。

时间悄悄溜走，转眼间纪永齐已经一岁了，

同龄孩子已在蹒跚学步，而无论家人怎么逗小纪永齐，他就是不愿意站起来走路，他似乎更喜欢在地上爬行。纪永齐的母亲开始担忧，这孩子怎么跟别的孩子不一样呢？父亲却看得开，总是安慰道："有的孩子学步慢一点，过段日子，也许他就自己站起来走路了，说不定还健步如飞呢！"但是这个美好的愿景并未实现。三岁多的纪永齐被医生确诊患有小儿麻痹症。对于年幼的纪永齐而言，他还不知道这个病痛将伴随他一生，此刻的他还在母亲的怀里冲着她微笑。母亲带着孩子四处求医，她并不清楚这是什么病，只知道医生让她做好孩子将在轮椅上度过一生的准备。可是她怎么能甘心呢？作为母亲，她唯一的奢求便是孩子平安健康。慢慢地，看病的开支压垮了这个拮据的家庭，但纪永齐的病仍不见好转。生活还要继续，无奈之下，一家人只好接受这个事实。

孩子们，也许你们并不知道什么是小儿麻痹症，不了解这个病为何会让一个家庭失去希望。

这里给你们科普一下，小儿麻痹症是脊髓灰质炎的俗称，它是一种急性传染病，由病毒侵入血液循环系统引起，部分病毒可侵入神经系统。患者多为五岁以下的儿童，主要症状是发热，全身不适，严重时肢体疼痛，发生瘫痪。患脊髓灰质炎的病人，由于脊髓前角运动神经元受损，与之有关的肌肉因失去神经的调节作用而发生萎缩，从而丧失自理能力。

随着年龄的增长，纪永齐的病症慢慢显现出来。他的肌腱发生了明显的萎缩，由于没有足够的力量支撑，他只能在地上爬行，同村的小孩子看到他在地上爬时，总在他周围围成一圈，拍着手大声喊："我们村里有爬爬。爬呀爬！爬呀爬！这么大了不会走，只会爬……"小孩子们围成一圈，扯着喉咙大声嘲笑纪永齐。自从知道自己生病后，这些来自周围人异样的眼光、同村孩童嘲笑的话语、父母愁眉叹气的模样，便占满了纪永齐的整个童年，深深刻进了他的记忆里。纪永齐无法忘却这份沉重的痛，每到夜深人静的时候，他就会细数内心的悲伤，他渴望像正常人一样直立行走。于是，他总是在家人不注意的时候，偷偷独自练习，一手撑着沙土地，一手撑着墙，慢慢地把身子立直。无数次的跌倒，无数次的失败，都没有让他放弃，终于在十一岁那年，他扶着墙站了起来，并朝着前方迈了几步。纪永齐看着手上因常年爬行而磨出的伤口和老茧，如今终于能站起来走两步，不禁欣喜若狂。在大家眼里，这也许仅仅是走两步路的事，没有什么大不了的，但对他而言，却是人生的新起点。这一切，他的母亲都看在眼里，每每看到他为了练习站立行走而频频摔倒，她眼里便噙着泪水，她明白自己无法永远陪伴着他，所以只能忍住内心的疼痛，默默地在远处看着。直到这一天，她看着纪永齐扶着墙往前走的背影，她感觉心里那片灰暗的地方亮起了一盏灯，这一刻她再也控制不住眼里的泪水。自从学会扶墙走路后，同村的孩子便不再嘲笑他，也不再喊他"爬爬"了。纪永齐人生中第一次感受到这么多的善意，仅仅是因为他们不再嘲笑他，这对十一岁的纪永齐而言，已经是一种胜利，他终于靠自己的努力获得了尊重。

纪永齐像翻阅书本一样，不断忆起童年里难忘的过往，这里面藏着太多的泪水，但他选择把那份独属于自己的"坚强"写进生命里。

十一岁那年，纪永齐靠着墙晒太阳，看到其他小朋友背着书包一个个经过，他羡慕的眼神一路追随着他们移动的背影。那天，他躺在床上听到隔壁邻居家的小孩在读课文，他在文字里感受到了前所未有的力量。接下来的几个月里，他一直辗转难眠，他想跟父母好好聊聊读书这件事。纪永齐希望自己也能背上书包去上学，即使无法在校园里奔跑，但是他知道，学校里有他心心念念的知识海洋，他可以像鱼儿一样徜徉其间。父亲一口否定了他的想法。纪永齐深知父亲的脾气，于是向母亲发出请求，母亲拗不过他，点头答应了。因为这件事，父亲跟纪永齐一个多星期没说话。可就在开学的前几天，父亲拿出了托村里木工定做的拐杖，郑重地将它递给了纪永齐。纪永齐呆呆地望着这根拐杖，不可自抑地掉下了眼泪，父爱无声，他紧紧地抱住了父亲。这一刻，时间仿佛停止了流淌，偌大的空间只留下了年幼的纪永齐轻轻的抽泣声……

开学第一天，他怀着忐忑的心情走进了学校。不出所料，同学们果然向他投来了异样的眼光。这一次，他低头看着自己的双腿，在心里默默告诫自己："不要在乎别人的眼光，也不要在意别人的嘲笑，只要一门心思学习，一定能学有所成。"因为身体情况特殊，老师让他坐在第一排，每一节课，他都为自己学到了新的知识而感到开心，渐渐地，同学们认识了这位"不一样"的同学。虽然他沉默寡言，但是他喜欢学习，并对学习充满热情，考试不是第一名就是第二名。小学毕业时，纪永齐通过自己的努力，考了当时全公社（以前的公社由好几个村落组成，纪永齐当年所在的公社有二十六个村）的第一名。这次考试让纪永齐更加坚信，命运是掌握在自己手中的。但是好景不长，由于父母忙于生计，无法再送他去学校，十六岁的纪永齐只能带着第一名的荣誉放弃了学业。班主任许老师安慰他，人生的路很长很长，只要坚定地走下去，就能够看到希望的光。这句话鼓励着纪永齐，让他从消沉中走了出来，并勇敢地在生命之路上走下去。

好学裁缝，笑对生活

失学在家的纪永齐并没有闲着，他一门心思想为自己谋一条出路。那时，我国服装行业刚刚起步，市场需求量很大。看到村里爱美的女孩子从外面打工回来后穿着新潮的服装，纪永齐眼里亮起了光。他想，如果能够掌握"服装裁剪"的技术，那他就可以不再依靠父母，而是靠自己的能力赚钱了。纪永齐把这个想法告诉了父亲，父亲摩挲着布满老茧的手，迟迟没有说话。他心里其实是支持纪永齐的，但家里实在是太穷了，根本拿不出钱给他买缝纫机。父亲不想浇灭儿子心中的小火苗，想来想去，便对儿子说："儿子，爸爸相信你，如果去学，你一定能够学有所成。但是在这之前，咱们得想办法靠自己的努力赚点学费，爸爸给你买两头小猪崽，等把它们养大，咱们就把它们卖了，你的学费就有着落了。"纪永齐听从了父亲的建议。过了几天，父亲果然带了两头小猪崽回来。若干年后，纪永齐才知道当时家里的经济情况十分糟糕，连买那两头小猪崽的钱都是父亲东拼西凑借来的。

纪永齐下定决心要好好养大这两头小猪崽。他用超强的意志力克服重重困难，精心照料着自己求学的希望。一年后，小猪崽长大了，父亲把成猪拉到集市上卖了，用换来的钱买了一台缝纫机。看到缝纫机的纪永齐，兴奋之情溢于言表，他离自己的梦想又近了一步。

父亲隔三岔五就托那些要去镇上送货的司机捎纪永齐去各个乡镇学手艺。起初，裁缝师傅们都不愿意收一个残疾人当学徒，但是纪永齐用自己的真诚打动了他们。就这样，纪永齐四处求师学习，再加上在家用缝纫机勤加练习，他很快就掌握了基本的裁剪手艺。为了赚钱补贴家用，纪永齐改装了缝纫机，自己推着缝纫机去各个乡镇的集市上摆摊挣钱。第一天摆摊的时候，大家像看戏一样围着他，觉得一个残疾人怎么可能踩着缝纫机工作。可是看到纪永齐化腐朽为神奇般地让一件件破旧的衣服焕然一新，大家就不敢小觑他了。慢慢地，凭借"物美价廉"的口碑，纪永齐在镇上站稳了脚跟，大家亲切地叫他"纪师傅"。他用自己辛苦赚来的钱给父母买了一辆自行车，好方便他们去地里干活。看到他们开心的笑脸，纪永齐感觉这是他迄今为止做过的最有成就感的事情，哪怕身体残缺，他也可以给身边人带来幸福与快乐。

1981年的夏天，廊坊市区的一个服装公司招聘裁剪师傅，纪永齐在镇上看到招聘广告，他很想去尝试一下，于是问了问母亲的意见。母亲的话让他大为感动，她跟纪永齐说："你已经长大了，可以自己决定未来的路该怎么走，你也有能力把自己的路走好。但是孩子，你别忘了，如果哪天失败了、碰壁了，你一定不要害怕，告诉妈妈，妈妈永远在你身后。"母亲的话给了他莫大的鼓舞，在母亲的心里，纪永齐一直是一个"正常人"，这份尊重让他感激万分。当时，纪永齐和另外两个人一起竞争岗位，功夫不负有心人，凭借苦练多年的出色手艺，纪永齐赢得了工作机会。

在服装公司上班的那段时间，纪永齐上午接待顾客量尺寸，下午休息，晚上加工服装，每天都要工作十几个小时，但是他从来没有喊过累。一个夜班过去后，天亮的时候，纪永齐的腰以下的部位都麻木了，可是看到一块块布匹慢慢成形，最终变成一件件漂亮的衣服，他心里也会升腾起太阳。三年过去，纪永齐的收入已经超过了公司经理（因为纪永齐拿的是绩效工资，不知疲倦的他每个月都有一千元左右的收入，这在二十世纪八十年代绝对是高收入），但他并不想安于现状。当他看到有些残疾人想学习服装剪裁技术却因身体的原因而被拒之门外时，他萌生了开办裁剪缝纫培训学校的念头。说干就干，他辞掉了服装公司的工作，创办了一家特殊的裁剪缝纫培训学校。之所以说它特殊，是因为残疾人在这里是免费学习的。在二十年间，纪永齐的学校一共培训了五千三百名学员，其中包括残疾学员三百多人。后来，纪永齐又开办了服装厂，服装厂也仍旧优先录用残疾人。正是纪永齐的坚持，让很多残疾人过上了"正常人"的生活，对生活重新燃起希望。平日里，纪永齐总是笑呵呵的，残疾的身体并未让他变得自卑。如他所言，生活要继续，要笑着面对命运的苦难。

"养鹅大王"，燃烧的人生

2003年年初，纪永齐决定关掉裁剪缝纫培训学校和服装厂，准备回乡投身养殖行业。之所以做出这个决定，主要有两个原因：一方面，裁剪缝纫培训学校的最后一批学员已经毕业，且服装厂收益大不如前，他希望学员和员工能有更好的出路；另一方面，纪永齐每年回乡总会遇到为生计苦恼的残疾人。想到这些，他就愈发想回乡帮助这些身患残疾的伙伴，带着他们一起自食其力，早日过上"正常人"的生活。但是此刻的家人说出了深埋心底的担忧，他们觉得纪永齐辛苦了这么多年，应该提前让自己退休，养殖行业又苦又累，普通人都承受不了，更何况是身患残疾又上了岁数的他？！纪永齐知道家里人是在为他考虑，但他相信自己的选择。家人看他如此坚持，也没再劝说，选择默默给予支持和帮助。

经过前期的市场调研，纪永齐发现市场对鹅的需求量很大，他规划得很清晰：先饲养大量的鹅，鹅产蛋的时间大概是在每年的3月至7月，这时候就可以把蛋孵化出来变成雏鹅。然后动员贫困残疾的乡邻参加培训，让他们掌握养鹅的技术，再把雏鹅送到他们手中进行培育，等他们把鹅养大后，他再以高价回收，销往南方……这个养鹅计划在纪永齐心里反复酝酿，其中涉及的困难以及对应的解决方案都深深刻在他的脑海里。

2003年的冬天，纪永齐开始搭建鹅场，并招募工人和贫困残疾乡邻。经过不懈努力，纪永齐在2004年的春天终于把第一批雏鹅送到残疾贫困户手中。很快，第一批成年鹅就培养出来了，纪永齐也兑现了高价回收的承诺。这个消息一传十，十传百，村里的残疾人和困难户都找到纪永齐，想加入"养鹅大军"。往后，每年的3月到7月便成了纪永齐最忙的时候，但每当他看到那些贫困的残疾伙伴拿到酬劳，他内心也充满了难以掩盖的喜悦，觉得所有的辛苦都值了。有句话是这样讲的，"自己淋过雨，所以总想给别人撑伞"，原来说的就是纪永齐这样的人啊！慢慢地，跟着纪永齐养鹅的人越来越多，其他镇上的贫困户也慕名找上门来，希望能改变自己窘迫的经济情况，纪永齐二话不说便答应了。

纪永齐每年都会拄着拐杖，走遍一个又一个乡镇，给当地的困难户和残疾人做养鹅培训。

只要别人有问题，他就耐心讲解，有时候一讲就是十几个小时。随着养鹅场规模的不断扩大，纪永齐的行为引起了当地残疾人联合会（简称"残联"）的关注，他们拜访了他，希望能把培养养殖户的计划扩大到整个廊坊市及下辖的各县，以便帮助更多的残疾人和困难户。纪永齐听了残联的建议后非常开心，因为这就是他的初心，他希望残疾人实现自力更生。在残联的推动下，从2016年至2019年，有两千多个残疾贫困户陆陆续续加入了养鹅计划，雏鹅的发放量累计达到二十多万只。养鹅不仅带动了当地经济的发展，也让更多残疾人得以自食其力，找到了自己的存在价值。

如果你在廊坊市安次区落垡镇的永旭养殖场看到一位头发斑白、挂着拐杖的老人，他正在认真地朝鹅群撒着饲料，时而若有所思地站立在一处，时而步伐坚定地前行——对，他就是纪永齐。几十年过去了，哪怕已过花甲之年，他还是坚守着自己的每一次选择。身患残疾的他并未向命运妥协，反而迎难而上，用钢铁般的意志为自己的人生交了一份满意的答卷。

时光仿佛又回到了过去，纪永齐在书中读到了这句话："人的一生可能燃烧也可能腐朽，我不能腐朽，我愿意燃烧起来！"而今，他用自己的行动践行了苏联作家奥斯特洛夫斯基说的话。荣誉都是过往，脚踏实地才能获得幸福。纪永齐用他的故事，践行着"自尊、自爱、自立、自强"，谱写了一首关于生命自强不息的赞歌。风雨之后的彩虹是夺目的，他用自己的"千磨万击还坚劲"告诉我们，可以平凡但是不要腐烂，只有燃烧才能见到希望的曙光。

"雪域信使"——其美多吉

其美多吉（1963— ）

藏族，四川甘孜人，中共党员。现任中国邮政集团公司四川省甘孜县分公司长途邮车驾驶员、驾押组组长，甘孜州总工会第十届委员会兼职副主席。先后荣获"时代楷模""感动中国2018年度人物""第七届全国道德模范""全国敬业奉献模范""最美奋斗者""全国民族团结进步模范个人""全国劳动模范"称号，被群众誉为"雪线邮路的幸福使者"。

　　古时，无论是游子求学周游，还是商人离家经商，家书是唯一可以寄托思念的物件。寥寥数语写出无尽思念，于是便有了"乡书何处达，归雁洛阳边""云中谁寄锦书来，雁字回时，月满西楼"这样的诗句。现在帮人们传达书信的人，我们亲切地称之为"邮递员"。

　　可能生活在发达地区的小朋友已经极少能接触到邮递员了，大多数情况下接触的都是快递员、外卖员。但对于那些偏远地区的人来说，邮递员可是生活中不可或缺的伙伴。他们克服了地理上的重重阻碍，将书信和物资送往中国的每个角落。今天，我想带大家走近他们中的一员，聆听关于他的故事，他就是美丽藏区的"雪域信使"——其美多吉。

少时梦想，种于心田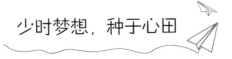

　　小时候，生活在藏区的其美多吉最难忘的是在夕阳西下的时候，与小伙伴们一起等待绿色邮车，只要看到绿色邮车，乡亲们总是会激动地挥舞双手。小时候的其美多吉别提有多羡慕坐在邮车里的司机了，也是从彼时起，他小小的心里便埋下了一颗希望的种子……

　　妈妈告诉年幼的其美多吉，以前这里可是一辆车都没有的，他们与外面的世界几乎没有联系。直到1954年12月，川藏公路建成通车，从此雪线邮路便开通了，当时藏区人民敲锣打鼓，欢天喜地，因为这条路，他们跟外界终于连通了起来。很多藏区的人走了出去，也有外面的人走了进来。

　　十八岁时，其美多吉砸开了他心爱的存钱罐，凑出一块钱，买了一本名叫《汽车修理与构造》的书，这本书让他踏上了学习修车之路。弄清楚汽车的构造以及如何修理后，其美多吉接着学起了开车，不到一年，他便能游刃有余地驾驶车辆了。

二十六岁时，其美多吉在报纸上看到德格县邮电局在藏区招聘邮递员。这让他激动万分，拿到报名表无疑是获得他通往儿时梦想的门票，他没有丝毫犹豫地填写完报名信息，然后投递了出去。在重重考核下，其美多吉如愿开上了全县唯一一辆邮车。

繁忙的一天开始了。其美多吉驾驶着邮车驶向前方，藏区美丽的景色映入眼帘，太阳慢慢升起，照在道路两边的雪山上。他愉快地哼着歌："在每一天太阳升起的地方，银色的神鹰来到了古老村庄。"这是藏区的一首民谣，美丽的歌词与眼前的景色相得益彰，让人顿感心旷神怡，邮车带着人们的思念在路上愉快地奔驰着。车轮在川藏公路上转动着，其美多吉日复一日地为藏区的乡亲们送去邮件、报纸和包裹，他体会到这份工作的意义，感受到前所未有的幸福。

　　近几年，随着互联网产业的不断发展，藏区人民也做起了电商生意，进出藏区的包裹逐渐变多了。所有的电商产品都要通过绿色邮车运送出去。这些产品多种多样，有康定的藏药、雅江的松茸、石渠的牦牛肉、理塘的虫草……其美多吉的工作量也慢慢增多，最明显的变化就是邮车变大变长了。车子变大，货物变重，这也愈发考验邮递员的驾驶技术。虽然工作变得繁重，但其美多吉从未抱怨过，他打心底热爱这份工作。他明白，这辆穿行在川藏公路的邮车带着藏区人民的希望，也助推着藏区经济的发展。他愿意成为藏区发展的一颗螺丝钉，为藏区的繁荣安定贡献自己的力量。

守护信件，驶向远方

　　其美多吉日常驾车行驶的雪线邮路周边地理环境十分恶劣，整条邮路从海拔两千五百米一路攀升到五千米以上，整个过程都是在翻大山、绕绝壁、穿险崖中进行的。若非万不得已，司机们是万万不会选择这条路线的。说起这条雪线邮路，就不得不提"川藏第一险"——雀儿山垭口。从这里通行的车子必须开到悬崖绝壁附近，一边是山崖，另一边是深渊，四米宽的路面考验着司机的车技和心理素质。只有速度足够慢，驶得足够稳，人车才能安全顺利通行。其美多吉凭着自己精湛的车技，载着信件和包裹，无数次越过这条险路，驶向远方。

除了应对复杂的地理环境，行驶在路上的司机还要面对恶劣的天气。风里来雨里去的其美多吉难免会遇到极端恶劣的天气。那是2016年除夕，跟以往一样，为了让同事们与家人团聚，其美多吉选择一个人值班，他如往常一样开着邮车行驶在山路上。周围静得可怕，只剩下呼呼的风声。汽车的前挡风玻璃被风刮得砰砰响，像极了被猛兽用力拍打而发出的声响。其美多吉心里暗觉不妙，这是遇上了"风吹雪"。所谓"风吹雪"，指的是大风携带雪运行的自然现象，又称"风雪流"，对交通安全影响极大。这时，其美多吉发现雨刮器也失灵了，眼前白茫茫一片，分不清天与地之间的界限。无奈之下，他不得不摇下车窗玻璃，把头探出窗外看路……前方路上，雪早已在风的作用下形成了一个小山丘，邮车困在原地动弹不得。通常情况下，邮递员不管遇到多危险的情况都不会轻易离开邮车。其美多吉只能停在路旁等待援助，三个小时过去了，终于等到了一位路过的老乡，善良的老乡走了很远的路找来另外三位老乡，他们一起铲平路面的积雪，四个小时后，邮车终于重新启动。其美多吉双手合十感激老乡们无私的帮忙，继续开着他的邮车前往下一个地点派送信件和包裹……

面对这样一条危险重重、难以驾驭的雪线邮路，其美多吉从未想过放弃这份工作，他在这条邮路上默默奉献着自己的青春。他总说："这个世上总要有人负重前行，世上的每一条路都不可能完全没有曲折和风险。为了给藏区的乡亲们带去他们心心念念的书信和包裹，这点危险不算什么。"

其美多吉已经数不清，自己有多少次披星戴月地行驶在藏区的公路上。清晨天还未亮，他便将当天需要派送的包裹和信件整理好，打包装车。接下来就是例行工作：检查车辆状态，氧气瓶是否完好无损，药品是否还在保质期内，铁锹和防滑链等装备是否还能正常使用……一切物资确认无误后，其美多吉便跳上车，随着车子发动机的声音轰然响起，车轮也转动了起来，这辆带着梦想和希望的车子便这样上路了。三十几年间，他六千多次往返于雪线邮路，总行程高达一百四十余万公里。"守护信件，驶向远方"是其美多吉敬业的最真实写照。

身负重伤，未曾放弃

2012年7月，其美多吉开着绿色邮车行驶在雅安市天全县境内，路边突然窜出一伙歹徒，他们逼停了其美多吉的邮车。几个人跳上邮车，撬开车门，欲打劫车上的物资包裹。其美多吉赶忙下车挡在邮车前。这是一辆满载着学生教材的邮车，对于此刻的其美多吉而言，车上的包裹就如同他的生命，是他此刻无论如何都要守护的东西。面对歹徒的挑衅，其美多吉没有丝毫犹豫，冲上去与歹徒展开了搏斗。他想起了当初母亲教他在本子上写下自己名字的场景，他叫"其美多吉"（藏语里的"多吉"是"金刚"的意思），理所应当要为了自己的理想和职责与这些歹徒奋力抗争。

孤身一人对抗十几名歹徒，可想而知结果有多么惨烈。虽然其美多吉是个身高一米八五、身材强壮的康巴汉子，但依旧抵挡不了手握尖刀、穷凶极恶的歹徒。最终，其美多吉倒在了血泊之中。歹徒打开邮车，才发现原来车上并没有什么值钱的包裹。虽说邮车里的教材保住了，可其美多吉因失血过多晕了过去。等他再次醒来，已经在医院里了。

被紧急送医的其美多吉身上有十七处刀伤，四根肋骨被打断，头盖骨也被掀掉了一块……情况十分危急。经过三天三夜的抢救，其美多吉总算脱离了危险。经历了六次手术以及连续一周的重症监护，其美多吉才勉强保住性命。由于伤势太过严重，他不得不坐上了轮椅，等待慢慢康复。这场事故不仅让其美多吉的脸上留下了疤痕，还让他左手的手指和手臂肌腱重度粘连，失去了正常功能。当他知道自己连腰带都系不了的时候，这个一生要强的康巴汉子流下了眼泪，因为手使不上劲就意味着他可能要永远告别他自小钟爱的绿色邮车。曾几何时，他可以只身面对八头野狼，可以开过连山鹰都飞不过的雀儿山。这样的他可不能这么轻易被打败，这个坎儿一定要迈过去，他在心里暗自较劲。

出院后，妻子的陪伴给了其美多吉重新振作起来的勇气。天气好的时候，她就陪他到县城广场的单杠上吊吊两只手臂，帮他做复健；天气不好的时候，就在家里陪着他练习。经过不懈的努力，其美多吉终于能够举起双臂了，但是手上的力气依旧不够。为了重新握住绿皮邮车的方向盘，其美多吉到处求医，看到他的诚心，一位老中医教给他一套"破坏性康复疗法"：强力揉开僵硬的肌肉组织，让它重新愈合，从而恢复手部的部分功能。这是一套极其"残忍"的治疗方案，康复过程中的剧痛可想而知。但其美多吉一直咬着牙，坚持康复。

令人没想到的是，坚持了两个月后，奇迹真的出现了。其美多吉受伤的手竟然恢复了运动能力。尽管不能像以前一样自如，但手握方向盘是没有问题的。伤好后，其美多吉迫不及待地要回车队报到，这份坚持让妻子不得不选择退让，因为她比谁都了解，他的性格就像"金刚"一样，一旦下定决心，必将全力以赴。

英雄信使，重新上路

7月，对其美多吉而言是特别的一个月份。他在7月身负重伤，命悬一线，也在时隔一年后的7月，回到了自己心心念念的车队，重新开上了这辆承载着梦想和幸福的邮车，重新踏上邮路，翱翔在属于他的那片纯净蓝天。

看到历经磨难后重新回归的其美多吉，那些在雪线邮路上的司机、邮路沿途的道班兄弟，还有那些收快递的父老乡亲别提有多开心了，他们太想念其美多吉了。在这条路上，其美多吉是受大家尊敬和爱戴的老大哥！他身上的品质值得每一个人敬仰和学习。这条邮路上的人都希望能看到其美多吉的微笑，希望他能够重新上路，整装出发。

助人为乐是老一辈邮递员留下的优良传统。这一点在其美多吉的身上体现得淋漓尽致。在开邮车的三十几年里，其美多吉始终不忘在邮车上备着氧气瓶、药品、铁锹和防滑链等物资装备。在川藏线上，每一样物品都能在最关键的时刻救人性命。

在这条雪线邮路上，其美多吉曾多次在漫天风雪、进退无路的危难关头，出手帮助那些遇到危险的陌生人。在雪路上行驶的司机都有着共同的默契，当他们遇到危险的时候，总会不约而同地找一个相对安全的地方停下来，等待过往的邮车并向其寻求帮助。因为他们坚信，只要跟在邮车后面，就一定能够安全到达他们的目的地。

这三十多年的时光里，只要在雪线邮路上遇到交通事故，其美多吉就成了义务交通员；只要在雪线邮路上遇到需要帮助的过路者，其美多吉就成了义务救助员。他已经把助人为乐刻进了骨子里，当然，他同样也把对祖国的热爱融进了血液里。只要在路上遇到停靠的军车，其美多吉就会拉上手刹停下来，询问是否需要帮助，他曾经在一天内帮助二十辆军车开过冰雪路段，这是别的邮递员不曾做到的，他也为此感到无比光荣。他也会为身处海拔五千米处营房的战士们送来新鲜的水果和蔬菜，最新的书报杂志……每每说到军人，其美多吉总有种莫名的感动，他眼眶湿润，深情地说道："军人都是我们的亲人，感谢他们守卫边疆，给我们带来了和平美好的生活。"其美多吉并不是一名守卫边疆的军人，但他用自己的实际行动以及如军人一般的赤忱之心热爱着自己的祖国，热爱着家乡的人民和那些有过"过命之交"的陌生人。用他的话说便是：他热爱着这片生养他的土地和在这片土地上的每个人。同样的，这片土地上的人也热爱着他，坚守雀儿山二十几年的工人便是如此。

每次看到其美多吉的到来，雀儿山的工人都难掩激动的心情。每次提起其美多吉，他们都会用"亲人"来称呼他。在他们看来，其美多吉不仅是邮递员，更是亲人般的存在。在这荒凉的生命禁区，那辆绿色邮车的鸣笛声是他们最喜欢的音乐，其美多吉送来的报纸和家书更是滋养他们精神世界的唯一营养品。他们知道，无论是无名山沟里的小村庄，还是白雪覆盖的边境哨所，不管在哪里，其美多吉都会把满载着情感的信件、包裹送到收件人面前。

每年临近春节的时候，在雪线邮路上奔波的司机师傅都回家了。往日川流不息的藏区公路渐渐恢复了平静，道路两旁的饭馆和商店也关门歇业，时间好像静止了一般。天地之间一片雪白，只有那一抹绿色穿梭在雪之间，那是为藏区人们送来温暖的绿色邮车呀！此刻，陪伴着邮递员的只有天上的雄鹰！

在雪线邮路坚守三十多年，想必是孤独且寂寞的，但"后悔"这两个字，在其美多吉的人生字典里从未出现过。至今，其美多吉和他的组员们依然年复一年无怨无悔地奔波在雪线邮路上……组员们都以其美多吉为榜样，希望自己也能给身边的人带去温暖和希望。

其美多吉身上有太多值得我们学习的优秀品质和优良作风了。他热爱祖国、牢记使命、履行职责、奉献人民、维护团结、助力家乡发展，这些美好的品格都值得我们学习。无论风雪多么大，困难多么多，他都会用坚不可摧的信念将信件送至终点，为藏区人民带来远方的消息。这位"雪域信使"总会勇敢上路，那辆绿色邮车发出的鸣笛声永远是高原上最悦耳的歌声。

"丹顶鹤女孩"——徐秀娟

涂秀娟 (1964—1987)

环保工作者，我国首位环保烈士，黑龙江齐齐哈尔人。出生于养鹤世家的她，小时候常帮着父母喂幼鹤，潜移默化中也爱上了丹顶鹤。1987年9月16日为寻找走失的幼鹤而溺水牺牲，年仅二十三岁，被追认为烈士，也被誉为"中国第一位驯鹤姑娘"。以她的事迹谱写的歌曲《一个真实的故事》被广泛传唱。为了纪念这位年轻的护鹤天使，江苏盐城和黑龙江扎龙国家级自然保护区分别修建了纪念馆和纪念碑，宣传徐秀娟的事迹，激励人们热爱大自然、保护野生动物，与自然和谐相处。

走过那条小河

你可曾听说

有一位女孩

她曾经来过

走过这片芦苇坡

你可曾听说

有一位女孩

她留下一首歌

为何片片白云悄悄落泪

为何阵阵风儿轻声诉说

唔喔哦！还有一群丹顶鹤

轻轻地轻轻地飞过

——《一个真实的故事》

　　这首歌的背后有一个感人的故事：一个与丹顶鹤为伴的女孩，为了寻找幼鹤不幸溺水身亡。这个女孩叫徐秀娟，她的生命永远定格在了二十三岁。

初遇丹顶鹤

"爸爸，等等我。"年幼的徐秀娟扎着两根小辫子，奔跑着跟在父亲徐铁林的后面，努力迈开小脚追赶着父亲的脚步。父亲走得急且快，因为他要去扎龙自然保护区喂丹顶鹤。这段通往扎龙自然保护区的路，徐秀娟再熟悉不过，从记事时开始，她就跟着父亲日复一日地往返于这条路上。这段路显然不好走，年幼的她曾在路上摔过好几个大跟头。父亲总为了抓紧时间去到丹顶鹤的身旁而选择加快脚步，在后面跟着的徐秀娟则不得不迈开自己细小的双腿小跑起来。第一次见到丹顶鹤，徐秀娟就再也没办法把视线从它们的身上移开。她跟在父亲的后面，秋天送丹顶鹤离去，春天迎丹顶鹤归来。这样反复平常的日子，一晃之间，便过了十几年。

十七岁的徐秀娟已出落成亭亭玉立的大姑娘，多年跟着父亲照顾丹顶鹤的她，早已经能独立担水、配食、喂鹤、放鹤、清扫鹤舍。丹顶鹤都十分喜欢这个小姑娘，它们愿意把头埋在她的怀里，也愿意在她身旁展现曼妙的舞姿，甚至愿意听她的指令展翅飞翔。为了更好地照顾这些丹顶鹤，徐秀娟还学了基本的动物医学知识，小小年纪的她已经能够独立诊治和护理生病的丹顶鹤了，而且由她负责饲养的幼鹤，成活率达百分之百，这在当时堪称动物饲养界的奇迹。

这种奇迹让父亲徐铁林倍感骄傲，平日里沉默寡言的他每每谈到自己的女儿徐秀娟，总是毫不吝啬赞美之词。毕竟，丹顶鹤不是谁都能饲养的。它们通灵性，一身傲骨且非常敏感，不熟悉的人根本无法亲近；它们重感情，如果有一只丹顶鹤受伤了，这只丹顶鹤的伴侣就会放弃飞往南方过冬的机会，选择待在原地陪伴受伤的丹顶鹤。也正因为如此，丹顶鹤的存活率极低，处境濒危，是世界稀有鸟类，国家一级保护野生动物。扎龙的丹顶鹤当时是世界上仅存的三大丹顶鹤种群，因此，保护扎龙种群刻不容缓。

为了保护好这群丹顶鹤，国家决定在这里建立扎龙国家级自然保护区。1975年，工作人员通过走访排查，确定了保护区内丹顶鹤的总数为一百四十只，属濒危动物，如不加强保护，很有可能不久后就再也见不到这一种群的丹顶鹤了。但保护丹顶鹤群谈何容易？工作人员一接近它们，它们就急忙飞走，丝毫不给人任何接触的机会。就在扎龙国家级自然保护区管理局的工作人员一筹莫展的时候，他们从别人口中听到了徐铁林这个名字。徐铁林虽然只是一个普通渔民，却是丹顶鹤最信任的伙伴。因为长期捕鱼，时而有丹顶鹤停在他的船上，他就会陪这些丹顶鹤聊聊天，也许这些丹顶鹤是真的懂了，所以跟他十分亲密，他偶尔也会把捕到的鱼分给这些老朋友。徐铁林多次遇到受伤的丹顶鹤，每次他都会把它们带回家中救治，等它们养好伤后再把它们放归大自然。正因为如此，这群丹顶鹤十分愿意和徐铁林亲近。

直至今日，徐铁林偶尔还会回忆起当初扎龙国家级自然保护区的工作人员找到他时的场景，他们是带着"黑龙江扎龙国家级自然保护区"的牌匾来到他家的。工作人员说明来意，也告知徐铁林目前丹顶鹤面临的濒危处境，希望他能够参与丹顶鹤的管护工作。徐铁林望了一眼不久前救下的丹顶鹤，毅然接受了这个请求。由于当时条件有限，这块保护区的牌匾就暂挂在了徐铁林家。从此，徐铁林一家与丹顶鹤的关系就更加亲密了。

为了更好地保护丹顶鹤，徐铁林和工作人员艰难地跋涉在沼泽地上，在两千一百多平方千米的保护区内，他们摸清了丹顶鹤的每一处巢穴。通过长时间的研究和多次探讨，他们决定采取"人工孵化＋野外散养"的方式来保护扎龙的丹顶鹤种群。事实证明，这种保护方式确实行之有效。从决策实施到今天，丹顶鹤的成活率不仅达到最高值，它们的野性也被保持得很好，幼鹤并没有因为人工孵化而忘记自己要南飞越冬这件事，它们总能很自然地跟着成鹤往南飞。

这一切被年幼的徐秀娟看在眼里，年幼的丹顶鹤追随成年的丹顶鹤往南飞，像极了自己跟在父亲后面的模样。从那时起，她心里便种下了一颗保护丹顶鹤群的种子，她要追随父亲的脚步，去守护扎龙这片丹顶鹤生存的净土。

守护丹顶鹤

日子一天天过去，徐秀娟也愈发地热爱她现在所做的事。每当看到丹顶鹤吃饱喝足后开心地拍打着翅膀，她就有种说不出的喜悦。慢慢地，徐秀娟不再觉得丹顶鹤只是她饲养的动物，它们是如家人一般的存在，是可以给她带来温暖和力量的生灵。它们也有喜怒哀乐，也会表达情绪，也会偶尔朝徐秀娟撒娇，求一个抱抱……在这群丹顶鹤里面，要属"赖毛子"最会撒娇，最黏徐秀娟。这只丹顶鹤原本并不属于扎龙国家级自然保护区，它是被徐秀娟意外救下来的，也因此选择留在了扎龙。也正是这件事，让人不得不佩服徐秀娟这位小姑娘。

秋天的早晨，东北已经开始冷了起来，徐秀娟像往常一样快步走在通往保护区的路上。正在她赶路的时候，高高的芦苇丛里传来一阵阵凄凉的叫声。这种声音，徐秀娟再熟悉不过了，这肯定是丹顶鹤发出的求助的声音。徐秀娟没有丝毫犹豫，朝着声音的方向走去。果不其然，一只丹顶鹤的脖子正被割芦苇的人用手紧紧地抓住，这对丹顶鹤而言无疑是致命的。如果再不松手，这只丹顶鹤可能就要窒息了。徐秀娟大喊一声："住手，放开那只丹顶鹤！"那个人被这一声呵斥吓得突然松开了手，朝徐秀娟的方向看了过来。丹顶鹤在地上扑腾着，样子十分难受。徐秀娟以最快的速度冲了过去，用力推开了割芦苇的人。谁也没有想到才十七岁的徐秀娟会有这么大的力气，想必她当时充满了愤怒吧！割芦苇的人十分生气，眼看着到手的丹顶鹤突然就不属于自己了，于是拿起掉落在芦苇地里的镰刀向徐秀娟冲了过来。在这千钧一发的时刻，"娟子……娟子……"父亲喊着徐秀娟的小名出现在芦苇地里，割芦苇的人听到有人过来便落荒而逃。那只丹顶鹤在徐秀娟的保护下得救了，得救后的它将头靠在徐秀娟的怀里，用独特的方式表达着对她的感激之情。父亲并不知道发生了什么事，到的时候只看到奄奄一息的丹顶鹤靠在徐秀娟的怀里。徐秀娟不慌不忙地检查了丹顶鹤身上的伤，并决定带着受伤的丹顶鹤回保护区里疗伤。

在徐秀娟的精心照顾下，受伤的丹顶鹤身体慢慢地恢复了。这是一只野生丹顶鹤，为了让它健康成长，徐秀娟不得不在它伤势好转后选择与它说再见。徐秀娟把它带回到之前救助它的地方，挥手与它道别。丹顶鹤挥挥它的翅膀，仿佛在跟徐秀娟说再见，转身便飞上了天空。徐秀娟难掩悲伤，掉下了眼泪。正当徐秀娟转身要离开芦苇地的时候，这只丹顶鹤突然出现在她面前，它拍动着翅膀，把脑袋靠在她怀里。很显然，它已经喜欢上徐秀娟了，它选择留下来。徐秀娟既开心又担忧，开心的是她可以继续与这只心爱的丹顶鹤朝夕相处，担忧的是让这只丹顶鹤离开原本的生存环境而选择人工养殖，很可能会对它造成不好的影响。可是眼前的丹顶鹤撒娇赖着自己不走的模样，让徐秀娟最终选择把它留在身边，并给它取了个名字，叫"赖毛子"。

"赖毛子"选择留下的那一夜，徐秀娟在自己的床上辗转反侧，难以入眠，她十分不解：丹顶鹤这么美丽，又如此充满灵性，为什么会有人狠心对它们施以伤害？失眠的她爬起来在屋里踱步。兴许是夜晚太安静了，来回踱步的声音吵醒了她的父亲。父亲关心地问道："这么晚了还不睡呀？"徐秀娟忍不住将自己内心的困惑和盘托出。父亲摸摸徐秀娟的头，跟她说："我们猜不透其他人的心思，但我们能够明白自己的真心。对于丹顶鹤，我们全家人肯定是不惜用自己的生命去守护的。"父亲跟徐秀娟讲了许多关于丹顶鹤的故事。从父亲的口中，徐秀娟知道了丹顶鹤是重情义的动物，这样的品格是值得人类学习的。徐秀娟无法忘记，谈话临近尾声的时候，父亲再次摸了摸她的头，意味深长地对她说："丹顶鹤的繁殖存活率低，如果人们不保护它们，它们很快就会消失在地球上，到那时，人们只能从他人笔下的只言片语和仅存的图片去了解丹顶鹤了。然而丹顶鹤与我们生活在同一片土地上，与人类是平等的。如果以后只剩下我们人类自己，那实在是太可悲啦！"徐秀娟点点头。那晚的月光照亮了整个保护区，如同父亲的话照亮了徐秀娟的心房一样。她明白了父亲这份工作的意义，他们守护着这一只只丹顶鹤，不仅仅是出于喜欢，更是对自然万物的敬畏。

孩子们，你们是否认同徐秀娟的父亲说的话呢？万物平等，人与自然本应和谐相处。有些人却为了眼前短暂的利益，肆意伤害弱小的生物，对大自然的生态平衡造成了极大的威胁。幸运的是，还有一些如徐秀娟一般的动物保护者，他们用自己的心力，守护着这些濒危生物，守护着我们的地球家园。

为寻幼鹤而牺牲

　　十八岁的徐秀娟课业之余与父亲一同保护濒危动物丹顶鹤，但她也没有落下学习，以优异的成绩考入了东北林业大学，就读于野生动物保护与管理专业。她心里一直有个梦想，那就是给丹顶鹤一个别样的家。在校学习期间，徐秀娟成绩优异，因为与众不同的养鹤经历，还未大学毕业，便受到江苏盐城沿海滩涂湿地的邀请，希望她能共同参与建立盐城湿地珍禽国家级自然保护区，并加入自然保护区的管理工作。说起江苏盐城滩涂地区，很多人可能还不知道，它是中国沿海最大的一块滩涂湿地，丹顶鹤主要是在这儿越冬。为了更好地照顾越冬的丹顶鹤，江苏盐城沿海滩涂地区决定在这里建立自然保护区，守护这些越冬的丹顶鹤。徐秀娟听完了保护区工作人员的介绍后，想到在扎龙国家级自然保护区的丹顶鹤有她的父亲守护，而江苏盐城湿地珍禽国家级自然保护区还没有经验丰富的训鹤师，所以经过几番思考后，她决定前往盐城湿地珍禽国家级自然保护区守护她心爱的丹顶鹤。

徐秀娟准备启程的那天，从丹顶鹤窝里拿出了三枚鸟蛋，精心地包裹好揣在怀里，准备带到盐城。临行时，父亲提醒她："一定要保护好这几枚蛋。"那个时候，丹顶鹤人工孵化技术还属于世界前沿课题，因为即使在母鹤的羽翼保护下，温度稍有变化，雏鸟也会胎死壳中，所以人工孵化技术一直是很难攻克的课题。徐秀娟用自己的体温一路温暖着那三枚丹顶鹤蛋，在奔波了三天三夜后，她终于来到黄海之滨。令人惊奇的是，三枚丹顶鹤蛋竟然孵化成功，这也是世界范围内首次在越冬的情况下人工孵化成功的例子。更令人惊讶的是，孵化成功的幼鹤格外强壮，比正常周期提前二十多天便展翅飞翔。这样的情

形，让前来考察的中外专家都忍不住惊叹，纷纷
称这是"爱的奇迹"。

在盐城湿地珍禽国家级自然保护区，徐秀
娟遵循着"半野化"的保护方式，悉心照顾着这
里的每一只丹顶鹤，所有的丹顶鹤都健康地长大
了。然而，这样的保护也存在弊端。有时候，淘
气的幼鹤在野外玩高兴了，就不愿意按照规定的
时间回到保护区。在这种情况下，幼鹤很容易走
丢，为了幼鹤的安全，徐秀娟总会在第一时间出
去寻找幼鹤。

1987年9月15日，贪玩的幼鹤没有按照往常的
习惯按时回来。徐秀娟担心极了，于是钻进芦苇
荡中到处寻找。她拨开高高的芦苇，喊着幼鹤的
名字，可是一直没听到回应。天黑了，徐秀娟拖
着疲惫的身子回到办公地点。这一夜对她来说极
其难挨，她彻夜失眠，脑海里一直在反复思考幼
鹤会去哪里。第二天一早，徐秀娟早早起床，就
在准备洗漱的时候，她仿佛听到幼鹤的鸣叫声。
她来不及梳头，朝着鸣叫声的方向奔跑而去。徐

秀娟模仿着幼鹤的声音，喊着它的名字，但是幼鹤的鸣叫声渐渐变弱了。徐秀娟感觉脑袋变得很沉，过度的疲惫让她两眼一黑，一头栽进了沼泽地里……等人们找到她的时候，她已经永远地离开人世了。隔天，贪玩的幼鹤回家了，它仿佛知道发生了什么，带着深深的愧疚，在徐秀娟出事的沼泽地附近，久久地悲鸣着……

徐秀娟走了，在她人生最美好的年华里。照片上的她笑得像阳光般灿烂，黝黑的皮肤把她的牙齿衬得十分雪白，清澈的眼睛下是那向上的嘴角。为了纪念这位守护丹顶鹤的天使，江苏盐城湿地珍禽国家级自然保护区和黑龙江扎龙国家级自然保护区分别为徐秀娟修建了纪念馆和纪念碑。每年，许多人来到这儿瞻仰，听着徐秀娟的故事，流下热泪，感受到"守护野生动物，学会与自然和谐相处"的重要性。

孩子们，读到这里，听着这位"丹顶鹤女孩"的事迹，你们是否感受她那一颗热爱大自然、热爱动物的心呢？两千多年前，庄子就在

《齐物论》里感叹："天地与我并生，而万物与我为一。"人类来到这个世界上，与万物是平等的。我们同沐阳光，共享空气，一起自由地在这片蓝天下活出各自的风采。然而近些年来，因人类的破坏活动，生物多样性的消失速度加快，抢救濒危动物、保护生物多样性变得愈加刻不容缓，这也是一件关系人类发展的大事。

这个世界上肯定还有无数如徐秀娟一般热爱动物的志愿者，他们用自己的一颗真心守护着自然万物，他们始终相信，"保护地球动植物的多样性，就是保护人类自己"。愿大家一起行动起来，从力所能及的事情做起，一起用心爱护动物，守护我们的大自然。

"帐篷局长"——张渠伟

张渠伟（1966—　）

四川渠县人，中共党员。现任四川省渠县人民政府党组成员、办公室副主任，渠县扶贫开发局党组书记、局长。自2014年3月担任达州市渠县扶贫和移民工作局局长以来，为渠县130个贫困村完成脱贫和"整县摘帽"贡献了智慧、热血和健康。因长年熬夜和超负荷工作而患上严重耳石症和青光眼，但他不惧病痛，昼夜奋战在脱贫攻坚一线。先后获得"感动中国2018年度人物""人民满意的公务员""2020年全国先进工作者"等称号。

2021年2月25日是一个值得纪念的日子。在这一天，全国脱贫攻坚总结表彰大会顺利举行，习近平总书记在台上庄严宣布，我国脱贫攻坚战取得了全面胜利。而在这场没有硝烟的脱贫攻坚战中，涌现出很多了不起的"扶贫战士"。张渠伟就是其中一个，正如感动中国组委会对他的评语：

扶贫必须精准不落一人一户，病情迫在眉睫却一拖再拖。扎下帐篷、扎下了根，签上名字就立下了军令状。没有硝烟的战场你负了伤，泥泞的大山你走出了路，山上的果实熟了，人们的心热了。

"帐篷局长"，坚守使命

四川贫困县渠县的扶贫和移民工作局局长张渠伟有一个不一样的昵称——"帐篷局长"。

这个称呼源自他在调研的时候，他总喜欢随身带着帐篷，以方便随时随地走访群众，了解群众诉求，大家只要看到他撑开的帐篷，便知道他就在附近进行走访工作。张渠伟戴着眼镜，厚厚的镜片却遮不住重重的黑眼圈。他喜欢笑，笑起来眯着眼，样子十分憨态可掬。

走近张渠伟，我们会发现他的世界很简单，简单到每天只围绕着"如何帮助渠县脱贫"而运转。也正是这份简单，让张渠伟无怨无悔地把渠县的脱贫工作放在了所有事情的首位。

所有熟悉他的人都知道，那厚厚的镜片对他丝毫不起作用。他看东西的时候总是要靠得很近很近，尤其是最近几年，他的视力下降得更加厉害，两只眼睛的视力分别下降到0.04和0.2，说他是"半盲人"也不为过。其实，张渠伟在参加渠县脱贫工作之初，就检查出"开角型青光眼"。要知道，如果错过了最佳治疗时机，患者不仅会出现行动不便或夜盲等症状，最后甚至可能会完全失明。医生多次劝说他尽快手术，但都被他拒绝了。张渠伟并不是不想做手术，而是他知道渠县需要他，整个渠县没有谁比他更熟悉扶贫工作。帮渠县顺利摘掉贫困县的帽子是他的责任，也是他的心愿。为了实现自己的目标，他选择保守治疗，一再推迟手术时间，在岗位继续工作。如今，坐在办公桌前的他，看一会儿电脑，就不得不摘下眼镜，滴几滴眼药水，以此来缓解眼睛的不适……这些在常人看来难以忍受的不适和麻烦，对他来说早已习以为常。

在这个世界上，任谁都害怕自己失明。张渠伟不是不清楚自己眼睛的糟糕情况，为了保护好眼睛，他也经常做眼保健操、锻炼身体。与此同时，他也在心里默默做好了准备：只要稍有空闲，他就会走到街道，尝试着紧闭双眼，模拟在漆黑的世界里行走，他小心翼翼，但仍然磕磕碰碰。他想，万一哪天不幸真的失明了，也要学着适应黑暗，掌握自理的能力，好好地生活下去……孩子们，看到这儿，你们在为张渠伟的敬业精神感动的同时，是否也感受到了身体健康的可贵？我们一定要好好爱惜身体，保护好我们的眼睛。别忘了，健康的身体是我们学习和工作的保证。

这个随身带着帐篷、视力不好的局长张渠伟，就这样坚守着带领渠县脱贫的使命，牢记着"为人民服务"的宗旨，始终站在脱贫攻坚战的第一线。

孩子们，看到这里，你们心中是否有疑惑，张渠伟为什么要冒着失明的风险坚守岗位呢？渠县的脱贫攻坚战是什么样的呢？带着这份疑惑，我们一起接着往下看吧！

下"军令状"，打"脱贫战"

2014年，张渠伟站在渠县的土地上，映入眼帘的这抹绿让他好生惊讶。位于四川盆地东部的渠县虽然是个贫困县，却有着良好的生态环境。张渠伟看着手上关于渠县脱贫的材料，深知要帮助全县130个贫困村的近15万贫困人口脱贫是一个十分艰巨的任务。可他并没有退却，而是在心里暗暗下定决心：一定要打赢这场脱贫攻坚战，让渠县的贫困百姓过上好的生活。

孩子们，我不知道你们的生活环境是什么样的，可能大部分人都家境优渥，爸爸妈妈为你们提供了良好的成长条件，不仅有饭吃、有衣穿、有书读，还有有趣的课外活动。但请不要怀疑，跟我们同在一片土地上的一些同胞还经受着贫困的折磨。贫困是什么？是食不果腹，是衣衫褴褛，身处贫困的人甚至没办法接受教育，很多适龄儿童因为家庭贫困而无法走进校园。真希望你们能够珍惜自己眼前的生活，也希望你们学习这些深入一线、甘于奉献、投身祖国扶贫事业的叔叔阿姨身上优秀的品质。

张渠伟的每一天简单且丰富。白天走进群众的家，与他们促膝长谈，为他们排忧解难；夜晚则坐在电脑前，写调研报告。

记得有一次，张渠伟像往常一样走访群众。来到水口镇大田村的李云家时，张渠伟被李云一家"缠住"了。李云一家有六口人，无固定收入，最喜欢干的事情就是找乡村干部"提意见"，村干部对他们的做法深感无奈。不过此刻的张渠伟并没有感到反感，反而拿出工作本，一边认真听李家人"倒苦水"，一边做记录。午饭时间到了，主人家留客吃饭，没想到张渠伟一口答应了下来。在饭桌上，笑声消融了干部和群众之间的隔阂，也改变了李云一家多年来对干部的"成见"。张渠伟明白了李家人的诉求后，要求同行的村干部一起想办法帮忙解决他们所面临的困难，帮助李家人解决异地搬迁和住房问题，还安排联系了农民夜校讲师，在村里开展种养殖技术公益培训课。因为张渠伟的耐心倾听和"急群众所急"，群众一改对调研干部的刻板印象和看法。

为了更好地帮扶困难群众，在张渠伟的带动下，渠县两万余名公职人员对贫困户开展"结对认亲"服务，增强了帮扶工作的实效性。以前渠县的群众并不喜欢干部上门走访，总觉得他们是来讲场面话的，常常避之而不及。现在他们可不这么觉得，群众知道这些上门的干部是真心来帮助他们的，这种真情帮扶让渠县群众对政府的满意度逐年提升。

孩子们，你们是不是也觉得，当我们不了解别人，在没有与别人进行充分沟通的情况下，总会造成不必要的误解？沟通是非常重要的，而倾听是沟通的第一步，只有真心聆听别人的想法，才能够真真切切地理解别人，更好地解决问题。张渠伟正是这样的一个人，他善于走进他人的内心，倾听他人的诉求。希望你们在生活中，也能学习张渠伟乐于倾听的美好品德。

通过几个月的走访，张渠伟对整个渠县有了更深入的了解。渠县在四川盆地东部，水土优质，气候宜人，有着种植农产品的天然优势。可由于农业种植同质化严重、缺乏启动资金等原因，产业发展受限。再加上渠县大部分年轻人选择在外务工，村里留下来的多是老弱病残，根本没有足够的适龄劳动力。重重困难摆在张渠伟面前，每到夜深人静时，他就会眯起眼睛，艰难地敲打着键盘，把自己想的可行性方案写进工作计划。

整整五十几页的报告写满了张渠伟的心血，他召集扶贫小组开会，小组成员对着报告各抒己见。正所谓"授人以鱼，不如授人以渔"，大家最终确定在开展外资引进的同时，开办"夜校大讲堂"，让老百姓掌握相应的种植技术。张渠伟知道虽然渠县贫困，但还是有一些走出去的渠县人靠着敢拼敢闯的精神成了小有实力的商人。张渠伟主动出击，联系这些在外渠商，通过"亲情"与"乡情"的引导，鼓励他们回乡创业，为家乡的招商引资牵线搭桥。在张渠伟的不懈努力下，2000余名乡友回乡创业，投资项目140个，带动12亿元资金走进渠县的贫困村。

项目资金是到位了，但张渠伟还是高兴不起来，他正为村里的劳动力发愁。这时，村里面的参军横幅吸引了他的注意，张渠伟想，既然有人参军，那肯定就有人退役，何不让这些退役的军人加入创业团队呢！退役军人在部队受过训练，有组织、有纪律，也肯吃苦，是最可靠的人选了。张渠伟赶忙找来渠县退役军人的名单，经过各方面的考量，他在里面找到一个叫王超的人。可此时远在福建的王超生活美满，他在电话里谢绝了张渠伟向他发出的回渠县发展的邀请。为了拉拢人才，张渠伟"三顾茅庐"，多次自费前往福建、广东等地拜访王超。功夫不负有心人，王超最终被张渠伟的举动感动，选择回到渠县加入扶贫工作。

回到家乡的王超在张渠伟的带领下，先后在渠县的中滩、水口、丰乐、卷硐等乡镇建起了老兵创业扶贫基地，吸纳近百名退役军人加入"老兵创业扶贫之家"。为了更好地发挥退役军人排头兵的作用，张渠伟还带头成立了"渠县退役军人综合党委汉亭农业联合支部"。很显然，张渠伟做出了无比正确的选择，这些退役军人把敢吃苦、敢拼搏的精神带到群众队伍里，老百姓也积极投身于脱贫工作中。眼看着产业得到发展，很多在外务工的人也选择回到家乡，这样的良性发展让整个渠县开始有了活力。

为了更好地让群众了解现行政策，张渠伟利用工作之余，用群众易懂的语言编写"应知应会"手册、政策指南、知识问答等材料。每当在田间乡野进行考察时，他都会向群众发放这些资料手册。遇到不认识字的群众，张渠伟便会一一为他们耐心讲解。张渠伟希望里面的政策知识能帮助他们有针对性地攻克贫穷问题。为了让群众更好地脱贫致富，张渠伟组织夜校定期开展农业方面的知识讲座，同时组织农业方面的专家学者走进群众家庭，进行一对一帮扶。

今天的渠县早已不是2014年张渠伟看到的渠县，这里已建成近17万亩的特色种植基地，有27个"乡村扶贫车间"，带动12500个贫困户人均增收2000元以上。正是因为张渠伟和脱贫小组成员的共同努力，渠县万余名贫困人员才得以彻底摆脱贫困。为了更好地完成全员脱贫，张渠伟把目光放在了产业升级上，积极探索创新模式，如农产品的多样性、网络直播带货、农村旅游业的发展……

　　产业优化后的渠县贫困村，处处皆有美景。一年四季游客络绎不绝，春季赏桃花，夏季摘葡萄，秋季品沃柑……很多村子也因此摘掉了"贫困村"的帽子，村民的生活水平得到了极大的改善。张渠伟再次回到2014年刚上任时走过的地方，此时的渠县宛如人间仙境，已成为周边城市休闲放松的好去处。

感动家人，扶贫认亲

　　因为一心扑在工作上，张渠伟有时得不到家人的理解。为了让家人了解他所做的工作，张渠伟在得知妻子亲戚家附近有位贫困户后，决定带着妻子在探亲后顺道去走访这个贫困户。张渠伟希望带妻子了解他的工作，让她明白脱贫攻坚是非常有意义的。

　　探亲的那天，天空下起了细雨。张渠伟陪妻

子走完亲戚后，提议一起去不远处的贫困户家里坐坐，了解下他们现在的需求。妻子其实一直很好奇，究竟是什么事情让丈夫如此牵肠挂肚，于是点头同意一同前往。

贫困户的家离张渠伟妻子的亲戚家不到一公里路，但由于是山地，加上下雨，泥地湿滑，他们走得异常艰难。刚到贫困户家门前，张渠伟的妻子便被眼前的一幕惊到了：房子是用石头垒的，密闭性并不好，只要刮风下雨，房子必定漏风漏雨；所谓的门只是一块破旧的木板，都不敢用力敲，生怕一不小心就把门给敲坏了。开门的是一位满头银发的老人，她微笑着欢迎张渠伟夫妇的到来。刚走进屋，张渠伟的妻子再次被眼前残旧不堪的摆设震惊了：屋子里三个孩子穿着破旧衣服趴在桌子上写作业，桌子的四只脚高度不一样，椅子也摇摇晃晃的，仿佛下一刻就要倒了。但是简陋的环境丝毫没有影响他们学习的劲头，身为人母的她大为触动，不自觉地红了眼眶。

　　通过了解，这户人家的情况十分艰难。孩子的父亲外出打工，妈妈是个哑巴，还患有精神疾病，全家人就靠七十多岁的奶奶照料。张渠伟从公文包里掏出自己的笔记本，记录着走访信息，询问了老人家面临的困难。张渠伟的妻子看着丈夫这么认真地工作，又环顾起四周的环境，内心充满感慨，瞬间明白自己的丈夫是多么了不起的一个人，他正做着多么了不起的事呀！

　　回去的路上，张渠伟的妻子收起了之前对他的抱怨和偏见，主动给了他一个大大的拥抱："老张，以前我不了解你，总觉得你没有时间陪我们。不瞒你说，我对你心里是有不满的。但今天看到你走访贫困户，还认真做了记录，我觉得你是一个了不起的人，你在做一件十分有意义的事情，我也想加入扶贫工作。刚才那三个孩子，我想试着把他们当作自己的孩子，辅导他们功课。直到今天，我才感觉自己开始了解你，我愿意成为你坚实的后盾。"张渠伟听完妻子的话，扶了扶滑下的镜框，内心非常感动，微笑着点点头："当然可以，夫妻一起参加扶贫，这是再好不过的事了。"

接下来的日子里，张渠伟的妻子只要有空便跟着张渠伟到困难群众家里，跟孤寡老人拉拉家常，帮他们打扫卫生。逢年过节，她还会为贫困户的孩子们准备好新学期的礼物和衣服，让他们能专心读书。在张渠伟的努力下，很多贫困户申请到了异地搬迁的新房，告别了漏风漏雨的石头房。妻子的加入，让张渠伟轻松不少，这个"帐篷局长"的帐篷也慢慢地淡出了人们的视野。

妻子的理解和支持让张渠伟得以全身心投入扶贫工作之中。但另外一方面，无法"忠孝两全"的他对父亲也时常心怀愧疚。没想到父亲却宽慰他："你不用管我，我挺好的。你放心大胆地去做，帮扶群众是好事，既然是好事就没有理由顾忌太多，记住'但行好事，莫问前程'！"有了家人这个坚实的后盾，张渠伟感觉浑身充满了力量，这份力量也让他拥有了更多直面困难的勇气。

孩子们，人们时常说善良是一种选择，但善良也是一种能力。你们是否曾经因为帮助别人而收获快乐？所谓"赠人玫瑰，手有余香"，希望你们也能够从身边的小事做起，力所能及地去帮助别人，用自己小小的善意带给身边的人大大的温暖。

守住初心，把爱延续

2021年2月25日，习近平总书记庄严宣布，我国脱贫攻坚战取得了全面胜利。这场没有硝烟的战争也落下了帷幕，此时的张渠伟流下了热泪。在家人的陪伴下，张渠伟做了眼睛手术，视力也开始慢慢恢复。

如今的张渠伟依旧守着初心，奋战在工作岗位上，他比谁都明白，脱贫攻坚战的胜利，离不开每一个奋战在一线的人的努力和坚持。当初策划开展的"六个一"爱心扶贫活动，就是通过社会爱心人士的帮助，让渠县得以筹到社会扶贫资金7.2亿元。也正由于这笔扶贫资金，渠县才能够修路、建桥、建房，发展农林业，资助贫困学生上学……

渠县脱贫的顺利，离不开每一份爱意的传递。唯有保持内心的善意，把爱延续下去，急群众之所急，想群众之所需，才能避免返贫，真正奔向小康。张渠伟总感慨："渠县的人多可爱啊！他们还可以把日子过得更好。那么多人回乡创业，守护家乡。这样的情谊多么了不起。这份爱肯定能祖祖辈辈地传递下去，渠县的明天也必定更加美好！"

在夜幕降临的时候，"帐篷局长"张渠伟的帐篷还是会时不时地扎在渠县的土地上。他用实际行动告诉我们，面对困难，我们该做何种选择。我想，善和爱往往是很多问题的答案。孩子们，希望看这篇文章的你们，能和张渠伟一样，怀抱着善与爱，继续前行，但行好事，莫问前程。

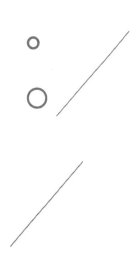

"大国工匠"——胡从柱

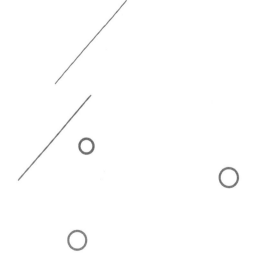

胡从柱（1970—　）

河南人。工程师，港珠澳大桥建设者。现任中建钢构有限公司华南大区综合工长、工程师，入选2017年"最美职工"，先后获广东省"五一劳动奖章"、广东省"南粤工匠"、全国"五一劳动奖章"、全国"最美职工"等荣誉称号。

1985年，他进入中国建设集团三局，跟着钢结构安装施工队来到深圳，做起了吊装工人。从一线工人起步，胡从柱打下了扎实的吊装技能基础。1995年，已成为吊装班组长的他参与了当时亚洲第一高楼深圳地王大厦的建设，还创造了施工全过程中"构件无一坠落、人员无一伤亡"的纪录。中央电视台新台址、武汉火车站、深圳会展中心、上海环球金融中心……三十多年来，胡从柱先后参建了三十五项重大工程，为祖国的建设"接梁架骨"，吊起四十余万吨钢构件筑成千层楼，完美诠释了何为"大国工匠"的精神。

　　"听到了吗？再往上点，好的，就是这儿，停！"烈日下，他戴着安全帽，拿着对讲机，指挥着工地现场的吊装工作。太阳把他晒得如同一尊铜像，他眼神坚定地望着吊装器械移动的方向，汗水不停地滑过他的脸颊，他习惯性地用手掌抹了抹额头。于他而言，这又是一个一刻也不能停歇的中午。

　　他就是胡从柱，我们身边的一个平凡人，却用平凡书写着不凡的故事。在他身上，有着令人敬仰的"大国工匠"精神。

初识吊装，努力钻研

　　工地上的施工声仿佛把我们带回了1985年的深圳。彼时，十五岁的胡从柱刚离开家乡，跟随中国建设集团三局钢结构安装施工队来到了深圳。深圳正值改革开放初期，在飞速发展的特区土地上，一座座高楼即将拔地而起。在这些破土而出的大楼里，深圳发展中心大厦肯定是具有里程碑意义的，因为它是中国第一幢钢结构摩天大楼。这么一栋具有时代意义的高楼，无疑凝聚着无数工人的心血，胡从柱便是其中之一。

看到这儿，很多小朋友可能会疑惑，什么是钢结构建筑？其实呀，所谓的钢结构建筑是一种新型的建筑体系，相比于传统的混凝土建筑，钢结构建筑用钢板或型钢替代了钢筋混凝土，从而让建筑物的强度更高，抗震性也更好。而且，钢材具有可重复利用的特性，绿色环保，大大减少了建筑垃圾的产生，因而被世界各国广泛采用，应用在工业建筑和民用建筑中。在钢结构的安装中，"龙头工序"——吊装显得尤为重要。所谓吊装，是指用起重设备吊起构件并安装固定在设计位置上，分为分件吊装和整体吊装。吊装工作属于高空作业，对很多人而言，这是一项不小的挑战，即使不恐高，但在高处工作时，内心也难免要经历一番斗争。

那时候的中国，钢结构建筑尚处于起步阶段，吊装设备还不够先进，工程的完成程度完全依赖于工人自身的专业能力，再加上这项工作本就具有一定的危险性，所以会吊装这道工序的技术工人奇缺。而胡从柱恰好被安排在负责这道工序的工程队里。就是这么一次偶然的安排，让胡从柱往后三十几年的职业生涯都和"吊装"紧紧地绑在了一起。回想过去，胡从柱总是感慨："其实刚开始我也很恐惧，但随着多次登高，我发现这份工作也没有那么可怕。每当我站到高处俯瞰这座我亲自参与建设的城市时，我便对这份工作多了一份理解，多了一份热爱。也就是从这份热爱开始，我对吊装作业产生了浓厚的兴趣，我心想，就算吊装是个'坑'，我也愿意栽进去。可能这就是别人说的着了魔吧！我的文化水平不算高，可我很想研究吊装技术，搞明白这项技术的来龙去脉，于是我在图书馆借了很多有关吊装的专业书，一有时间我就去啃这些书，即便在工地忙了一整天，回到住处我也会以最快的速度走进吊装图书的世界。现在回想起来，是吊装改变了我，让我变成一个热爱学习的人。"孩子们，你们有没有发现，只要我们愿意去钻研，任何事情都会变得有趣，我们也更能从里面获取快乐，收获成长。

每当结束一天的工作，作为学徒的胡从柱总是主动加班加点，抱着专业书，仔细研读有关吊装的知识，有时遇到问题，他还会爬上吊车，在吊车上研究到半夜。为了提高吊装的操作技能，当遇到大家都推脱的复杂工作时，胡从柱总是挺身而出，抢着做，不厌其烦地请教他的师父。他的师父是出了名的严师，如果徒弟表现不好，师父上来就是一顿训斥。师父的严厉并没有使胡从柱退却，反而让他越发发奋努力，慢慢地，胡从柱被师父教训的次数越来越少，他的技能也一点一点扎实起来。

1995年，进入吊装行业十年的胡从柱已经褪去了刚入行时的稚嫩，此时的他靠着专业的知识积累和熟练的实操本领，成了受人尊重的吊装班组长，并再一次踏上了深圳这片土地，参建当时有着"亚洲第一高楼"之称的地王大厦。地王大厦的安装体量以及安装难度，在当时无疑是全国之最。为了顺利完成吊装这道工序，每个夜晚，都能在工地上看到胡从柱和他的班组挑灯夜战的身影，他们为了攻克遇到的问题，常常研讨到后半夜。正是出于这样的尽职尽责，他们成功地解决了紧迫工期与庞大工程量之间的矛盾。最终，胡从柱采取"区域吊装"及"一机多吊"技术，仅用一年零十二天便出色地完成了主楼钢结构的施工任务，并创造了施工全过程"构件无一坠落、人员无一伤亡"的奇迹，刷新了"两天半一层楼"的深圳速度。

经过多年的磨炼，胡从柱已经成为吊装作业的领军人，业内人士总会说："哪个项目难做就让胡从柱去，他肯定可以解决。"字里行间无不透着对胡从柱的肯定和信任，也正是这句话，让胡从柱始终坚守在吊装一线。他说："能够把一件小事做到极致，那就是一件了不起的事。一个平凡的人只要坚守住自己的岗位，就是不平凡的事。"这句话印刻出胡从柱的模样，也印刻出我们身边千千万万在某一领域深耕的人不平凡的模样。

临危受命，攻坚克难

2002年，广州新白云机场要建航站楼，这是当时中国规模最大的相贯焊接空心管结构工程。广州白云机场作为世界排名前五十的大型机场，其重要性不言而喻。可就在现场进行安装的时候，安装人员发现理论和实地情况不一致。为了快速解决问题，不耽误工程进度，他们请来了经验丰富的胡从柱。胡从柱临危受命，二话不说只身前往。到达现场后，胡从柱便迅速进入工作状态。通过对现场的勘察，胡从柱建议采取"地面分片整体拼装，然后再进行吊装"的方案。在胡从柱的带领下，这次的项目不仅省去了一半的工程量，还减少了高空焊接作业，提高了施工的安全系数。看着项目的顺利推进，胡从柱心里乐开了花。

作为吊装工人，胡从柱时刻牢记自己的职责，再辛苦也不敢有半点儿马虎，这可是一项牵扯方方面面的大工程，一个螺丝钉打不牢固都会留下巨大的安全隐患。胡从柱有一个小本子，这个本子的封面已经泛黄了。翻开小本子，只见上面清晰地记录着他工作以来遇到的各种各样的吊装案例，有的草图随着时间的流逝慢慢地变模糊了，但胡从柱已经对里面的内容烂熟于心。即使是类似的案例，他也会在旁边画出不同的吊装示意图。他还有一件秘密武器，那就是设备工况性能表，这个表详细记录着设备的工况性能，为的是方便及时检查设备，确保施工过程的安全性。他用一丝不苟的态度，在吊装行业里成为一颗最结实的螺丝钉。往后的日子里，胡从柱总是临危受命，承接各种高难度项目，无论遇到什么样的困难，他都能保质保量，按时完成任务。孩子们，你们在学习的过程中是否也会像胡从柱这般热衷于记笔记呢？正所谓"好记性不如烂笔头"，在胡从柱身上，我们可以看到他善于总结问题，并将解决问题的方法记录下来的好习惯，只有这样，我们才能在每一次的学习中有针对性地扬长避短，取得进步。

时间慢慢流逝，胡从柱跟着建设团队走遍祖国的大江南北，参加了三十五项重大工程的建设，直接参与和指挥起吊钢构件的总重量达四十余万吨。作为一名吊装工人，这可是一份独一无二的荣耀。如果你问他，在这么多次的工程建设里，最难忘的是哪一次？他肯定毫不犹豫地回答——港珠澳大桥。那是一项曾遭多方质疑的工程，也是他的一份"荣誉之作"。

2018年10月23日上午，随着习近平总书记的宣布，港珠澳大桥正式通车。这座被英国《卫报》赞为"新世界七大奇迹"之一的世界最长的跨海大桥，自建成通车后，大大缩短了往来香港、珠海、澳门的通勤时间，让香港、珠海和澳门三地的联系更加紧密。这座跨海大桥蜿蜒的样子灵动且有韵律，夜晚，当所有的灯光亮起时，它就如同镶嵌在伶仃洋上的珍珠项链。每每看到这点点灯光，作为港珠澳大桥珠海公路口岸项目生产经理的胡从柱，内心总难掩万千感慨。他亲眼见证了港珠澳大桥从无到有的整个过程，顺利完成了这个难度系数极高的项目。港珠澳大桥竣工的那天，他喜极而泣。他看着这座大桥，激动了很久，也沉默了很久，那一刻，他仿佛明白了自己多年扎根于吊装一线的意义。作为祖国重大建筑工程的建设者之一，胡从柱每走一个地方，每参与一项工程，都能深刻地感受到国家的日渐强大。这三十多年来一个个的现场施工场景如缩影一般在他脑海里反复播放着。

时光回到2015年的夏天，伴随着咸咸的海风，引人注目的世纪大工程——港珠澳大桥珠海口岸项目——在珠海口岸人工岛举行项目开工仪式。被委以重任的胡从柱始终无法忘却当时的情景。因为时间紧、任务重，胡从柱必须以最快的速度对施工现场展开调研。正如他所言："工欲善其事，必先利其器。"每次开工之前，胡从柱会亲自试用每一台塔吊，查看每一处构件以及理顺每一次吊装顺序，确认无误后，才放心地离开施工现场。

说起港珠澳大桥的项目，就不得不说项目屋面穹顶的超大跨度、双曲面的结构形式，以及珠海所属的典型的海洋性气候，正因它们，现场的吊装工作面临重重困难，但胡从柱并未因此退缩。

胡从柱先是冷静地进行了分析，考虑到项目地处人工岛，地基较松软，吊车很难直接在上面行驶，因此运输是必须解决的首要困难。在多方商讨后，胡从柱决定提前规划好行车路线，并在地面铺设钢板，确保设备正常运输。随着工程的逐步展开，他们又遇到了新的困难：由于工地四周毫无遮挡物，每当海风达到四至五级的时候，作业环境就变得十分恶劣，时常工作到一半，就被迫停下。因此，吊装队被迫在风大的时候停工，风小的时候赶工。12月的时候，施工队伍又遇到了土建工程及各工序交叉作业的问题。胡从柱研究工期计划和场地布置，时常一干就到下半夜，海风呼呼地吹着，却把他吹得更加清醒。他坚信知识和经验带给他的力量，最后通过不断验证总结，提出了全新的施工方法——移动式拼装操作平台。这种方法将原位拼装转变为地面一次单元拼装和楼面二次吊装，成功地化解了土建及各工序交叉作业的难题。

港珠澳大桥珠海口岸旅检A区有三十四个提升器，每个提升器都留下了胡从柱的身影，每一个提升器他都要亲自上去检查。有人说，他大可不必如此事必躬亲，他却说："一个人做事情，对别人负责就是对自己负责。更何况工程无小事。"他时刻提醒自己，"一点差错都不能有，否则将前功尽弃"。也许这就是胡从柱对匠心精神的理解吧！正是因为有胡从柱这样认真负责、兢兢业业的大桥建设者，我们才有机会看到这件惊艳世界的作品。

工匠精神，时刻铭记

　　自2015年参与港珠澳大桥珠海公路口岸项目直至工期结束，胡从柱的生活起居都要在岛上解决。当时工期十分紧张，很多时候他都得通宵达旦地进行拼装施工。"屋漏偏逢连夜雨"，这个时候他的妻子恰巧生病了，胡从柱内心十分煎熬，他内心苦闷：如果回去照顾妻子，那么整个工程进度就会被耽误，大家的工作都会受到影响；可是不顾生病的妻子，自己实在是内心有愧。他第一次切身体会到了左右为难的滋味。项目经理知道他的情况后，特批他请假回家照顾妻子。可当时项目正处于关键时期，胡从柱婉拒了经理的好意，因为他知道，自己一旦走了，这个项目很可能会处于停摆状态，他不能因为个人原因让整个工程受到影响。他抛开所有杂念，全身心投入工作，在他的指挥下，现场的施工有条不紊地进行着。等工程的关键部分结束之后，胡从柱才匆忙赶往医院。望着刚刚做完手术还在输液的妻子，胡从柱眼眶不由得湿润了。因为生病，妻子变得十分瘦弱，闭着眼睛安静地躺在病床上。胡从柱走向前握住妻子的手，他的内心十分内疚，千言万语只汇成一句"抱歉"。他抹了抹掉下的眼泪，焦急地等待妻子从睡梦里醒来。后来回忆起这件事，胡从柱总感慨："说起我的妻子，我只想用'善良'两个字形容她，她知道我在外打拼不容易，也没有太多时间关心她，却从来不跟我抱怨，也不会向我提什么过分的要求。如果没有她的理解和支持，我不可能走到今天。有时候想想，我能为她做的，也就是每年春节回家，帮她把一年要用的柴火都劈好。等她病好了，我要带她旅行，带她去看看我曾经工作的地方，去看看那些平地而起的建筑物，我想告诉她，这些巍峨的建筑里面有我的汗水，也有她的付出。我想让她知道我是共和国的建设者，让她跟我一起感受祖国的繁荣富强。"

胡从柱的人际关系极其简单，生活中除了妻

子，第二重要的便是徒弟了。说起他的徒弟，胡从柱不由得感慨："干我们这一行的，都是从徒弟一路走过来的。在我心里，能教授新技术的都是自己的师父。"他教授过的徒弟数不胜数，他们对他的评价多是技术高超、不摆架子、不吝惜将自己的技能传授给别人。每到一处工地，他都会在那里带一帮徒弟。如今，他的许多徒弟已经是在一线奋战的中流砥柱了，这也是让胡从柱倍感骄傲的事情。港珠澳大桥珠海公路口岸项目部项目书记彭庆南，就是胡从柱带出的众多徒弟之一。说起自己的师父，彭庆南总会竖起大拇指："我的师父虽不善言辞，却是一个十分尽责的好师父。大多数人对我师父的直观感受是慈祥亲切、憨厚朴实。但深入了解之后，就会发现远不止这些，师父做事踏实、遇事冷静、性格刚毅，面对困难从不轻言放弃。记得有一次，我在现场进行操作时十分紧张，生怕把事情搞砸了。师父看出了我的紧张，赶忙打电话给正在塔吊中作业的我，让我不要紧张，说他在不远处看着我，让我放心大胆去操作，没问题的。因为他，我大胆地迈出了独立操作的第一步，那一次的施工非常顺利，我知道这多亏了师父对我的鼓励。遇到一些不好施工的特殊部分，师父总是会亲自过来指导。没做好的地方，他也会耐心讲解。在师父身上，我学到了细心和责任心，深深明白这个行业是需要沉下心来深耕的，浮躁和胆怯是万万不可有的。"

据不完全统计，胡从柱参建的工程获得中国钢结构金奖五项、国家科技进步奖七项，他本人也多次被评为中建钢结构"先进个人"，先后获广东省"五一劳动奖章"、广东省"南粤工匠"、全国"五一劳动奖章"、全国"最美职工"等荣誉称号，可在沉甸甸的勋章面前，胡从柱却显得很坦然："我是一名工人，时刻牢记自己头顶的安全帽，作为工人，我就应该用勤劳的双手和辛勤的汗水，描绘祖国山河的美好画卷。这是工匠精神，我是不能忘的。"

三十多年来，无论是寒冬还是酷暑，胡从柱

始终坚守在建设岗位第一线。他脚踏实地，从一名吊装工人开始，到吊装班组长，再到如今的生产项目经理，一步一个脚印地成长着。他默默奉献着自己的青春与热血，他的能力得到了同行的高度认可。胡从柱经常说："建筑工人的生活是枯燥且辛苦的，但也是快乐且幸福的。因为每每看到万丈高楼平地起，看到海面上架起了大桥，看到繁荣昌盛的祖国一天天现出更美的模样，作为工人的我就会感到无比自豪。"胡从柱的这段话被写在了每个工人的心里，他们都是大国工匠，时刻不忘自己的工匠身份，唱着"我们工人有力量"，投身在祖国的建设中。

"最美乡村医生"——李春燕

李春燕（1974—　　）

贵州从江人。乡村医生，中共党员。现为贵州省从江县雍里乡大塘村博爱卫生站医生。2000年，李春燕从卫校毕业后来到大塘村。2001年，李春燕凑钱开了一家小卫生室，成为一名乡村医生，利用自己的医术解决村民"看病难"的问题。先后被评为"感动中国2005年度人物""全国优秀乡村医生""全国卫生系统先进工作者""全国劳动模范""中国十大杰出青年"等。

她是大山里最后的赤脚医生，提着篮子在田垄里行医。一间四壁透风的竹楼，成了天下最温暖的医院，一副瘦弱的肩膀，担负起十里八乡的健康，她不是迁徙的候鸟，她是照亮苗乡的月亮。

——感动中国2005年度人物颁奖辞

时至今日，这个人依旧默默地埋头奔走于乡间小路，她步履匆匆，与时间赛跑，守护着这一方苗乡人的生命健康。她就是"最美乡村医生"——李春燕。

心怀梦想，毅然从医

2010年的冬天，寒冷并没有挡住人们的热情，随着中国红十字基金会主办的"寻找最美乡村医生"公益摄影展的开幕，人们蜂拥走进了公益摄影展展厅。摄影展吸引了全国各地热心于公益的人士，人们驻足在一张照片前，好奇地注视着这位温柔坚毅的"最美乡村医生"。照片里，她身穿白大褂，在病房里为病人检查身体，头微微倾斜，神情专注，眼神里写满了对病人的关心。照片底下醒目地标注着这张照片的作者和人物简介，原来照片上的这位医生正是来自贵州月亮山区大塘村的乡村医生李春燕。她是无数乡村医生的缩影，走进她的世界，便是走进无数乡村医生的世界。

　　孩子们，你们知道贵州黔东南苗族侗族自治州南部月亮山区的大塘村吗？翻开中国地图，也许你能够找到它所处的位置。这里落后、贫穷、偏僻，位于月亮山区东麓外围的大塘村，是贵州省从江县最大的村落，有两千五百多人。因为太过贫困，医疗水平极其落后，稍微有点本事的人都想着逃离这里，然而乡村医生李春燕却选择嫁到大塘村，并在这里开起了第一家卫生室。她心里一直想着出嫁前父亲对她的嘱咐——要守护大塘村百姓的生命健康。

时光倒回到2000年的夏天，天气炎热，村里的知了叫得特别欢。然而此刻李春燕的父亲并不欢快，甚至有点焦躁，他背着手，在自家巴掌大的房子里来回踱步，时不时还发出几声叹息。

"爹，我知道你舍不得女儿远嫁，但我这次去不只是嫁人，更是为了完成心中的梦想。"李春燕率先打破沉默。父亲倚靠着墙坐在门槛上，沉思良久后终于开口："好孩子，爹当然舍不得你远嫁，你是爹的好女儿，哪个当爹的愿意自己的女儿离开自己？爹干了一辈子村医，知道一个村子里得有一名医生，这对乡亲们而言意义重大。当初爹让你学医，就是希望你能够接任我的工作，帮助乡亲们摆脱身体病痛的折磨。"此刻的李春燕内心受到极大的触动，她明白，在父亲的心里，医生是一个无比高尚的职业。李春燕想起当初接受爱德基金会资助时在南京现场的宣誓。她心怀感激，这次资助让她得以在贵州黎平卫校接受了三年正规的医学教育。

出嫁的那天，父亲意味深长地对李春燕说：
"孩子，爹知道你从今天开始有了新的身份。你
已经是可以独当一面的大人了。但爹希望你记
住，每个村民看病都是不容易的。我们村是这
样，你要去的大塘村也是这样。爹希望你不管多
苦多累，都要坚持当一名合格的医生。"带着这
样沉甸甸的嘱托，李春燕嫁到了大塘村。

大塘村第一家卫生室

大塘村里没有医生，所以当村民知道大塘来
了个女医生时，别提有多兴奋了。大家争先恐后
地来看新娘子，也想知道这位村医长什么样。嫁
到大塘的第一天，李春燕在大家的热情欢呼声中
疲惫入睡。

婚后的第二天，她就走到田间地头去了解大
家"看病难"的问题。在田边，她跟大妈们坐在
一起聊天，本以为在自己的家乡看病已然十分困

难了，没想到这里的困难程度有过之而无不及。村里要是有人生了病，就得花上两三个小时，雇人抬到五公里以外的乡卫生院，或找车拉到十五公里以外的县医院接受治疗。能去治疗的都是村里经济条件相对宽裕的家庭，但大塘村的大部分村民都无力承担医药费，生了病要么自己硬扛，要么用"土办法"治。如果这些治疗都没有效果，那就只能请巫师"驱鬼"或者等待死神的降临。这就是为什么大塘村每年有二十多个新生儿降生，却有一半以上夭折的缘故。讲到这里，大妈们偷偷抹着泪水，此时的李春燕心里别提有多难过了。她暗下决心：一定要在村里开一家卫生室，方便村民就医，守护村民的健康！

对于这个刚刚组建且并不富裕的小家庭来说，这个愿望是极其奢侈的。但丈夫拉着李春燕的手，重重地许了她一个承诺："燕子，你别担心！我跟你说过的，不管砸锅还是卖铁，我都要帮你建一个卫生室。"丈夫的话温暖着李春燕，但她并没有往心里去。那次晚饭后，丈夫一反常态，叫上家里人围坐在小小的饭桌前，一场小型的家庭会议开始了，会议的主题便是"如何开村里的第一家卫生室"。李春燕依稀记得，那天晚上，丈夫和公公婆婆讨论了整整一晚。虽然她听不太懂，但她能感受到最后公公的声音是慢慢变小的。在这场家庭会议后的第二天，有人上门牵走了家中的两头水牛。当天晚上，李春燕的公公便把卖水牛得到的两千元递给了李春燕。李春燕怎么也不敢相信，公公会将饲养多年的水牛卖掉，再把这些钱拿给她开卫生室。想想看，这两头水牛可是公公年复一年辛辛苦苦喂养大的，也是他并肩作战的老战友啊！公公卖掉的，不啻为两位老人晚年的精神寄托。李春燕紧紧握着公公递过来的钱，低头沉默着，像极了做错事的孩子。公公看着她，说："拿着吧！孩子，没事的，我老了，虽然对这两头牛确实有感情，但开了卫生室的话，就可以帮助乡亲们治病，我再高兴不过了。我一辈子也没干什么大事，但总希望自己能帮到大家。这次就当作实现自己的小小心愿吧！你就收着吧！"李春燕听完公公说的话，明白了老人家的良苦用心。

就这样，大塘村的第一个卫生室在李春燕及其家人的支持下，顺利开张了。卫生室就开在李春燕家里，很简朴，没有一件东西是多余的。为了让卫生室更规范，李春燕回到娘家去找父亲帮忙。父亲看到李春燕，便知道她的来意，把早已准备好的医用品打包成袋递到她手中，那一刻，夕阳的光正好打在他们身上，像极了一场神圣的交接仪式。

最开始的时候，大塘村的大部分村民由于自身认知的不足，不愿相信医生。李春燕回忆起当时的情景，仍不禁眉头一皱：以前，只要卫生院到村里义诊，村民们便像见到野兽一般紧闭大门。对他们而言，看医生是晦气的，弄不好还要送命，他们更愿意相信巫师。直到一件事改变了村里人对医生的看法。

2001年夏天，王姓村民因家中办喜事喝酒没有节制，导致酒精中毒昏迷不醒。愚昧的家人请了巫师做法，可是法事后，这位村民仍未醒过来，家里人以为他已经死亡，就哭着准备给他办丧事。这时，有个年轻人提议说，听说那个刚嫁过来的女医生会看病，现在人都这样了，要不咱们把她叫来试试？兴许还有救。王家人想了想，确实，眼前也只能死马当活马医了。就这样，李春燕被王家人叫了过去。她仔细地检查了一番，开始给这个"死者"输液。随着药液一滴滴地进入患者的体内，患者的呼吸开始变得均匀，慢慢睁开了眼睛，苏醒了过来。王家人激动地失声痛哭，这是起死回生啊！王家人忍不住向李春燕下跪，表达感激之情。

从此，李春燕"妙手回春"的事在村里甚至在邻村里传开了，找她看病的人也渐渐多了起来。

众所周知，生孩子对一个女性来说就像闯了一趟鬼门关，需要专业的医疗团队保驾护航。而大塘村的女人历来都是在家里生孩子的。因为缺乏科学的接生和护理知识，新生儿死亡率高，产妇也常因生产落下一身病，甚至时常发生母子双亡的惨剧。考虑到绝大多数产妇不肯去卫生院的原因是不想花钱，李春燕就说服这些产妇来她的卫生室，帮她们免费接生。遇到比较高危的产妇，李春燕总会劝说她们前往医院生产，在李春燕的"苦口婆心"下，很多产妇最终选择前往医院，顺利生下孩子。李春燕用自己对医学的信仰，帮助大塘村降低了生育所带来的风险，保全了大多数产妇和新生儿的生命。

除了守护产妇的生命安全，李春燕也肩负起宣传医学知识的重任。彼时，很多村民不愿意打疫苗，认为没病就不应该找罪受，还不如等病了再说。但李春燕从不放弃每一次科普医学知识的机会，只要有机会就会不遗余力地进行科普。比如，每当村里的父母带小孩来到她的卫生室就医，她就向他们宣传疫苗的作用。后来，只要卫生院的人来给孩子接种疫苗，村里所有家长都会主动带孩子过来排队接种。因为她的不懈努力，村里疫苗接种率年年攀升。

李春燕在这个山高坡陡、交通闭塞的苗族村

寨中，挎着药篮子治病救人，不知不觉地度过了生命中美丽的十一年。

因为很多乡亲来看病时根本没钱支付医药费，李春燕又不忍心看着病人受病痛折磨，只好让病人先赊账，等病人把病治好后再说。李春燕的卫生室角落里放着一沓赊账的本子，其实她比谁都清楚，这些钱是很难收回来的，但她未曾放弃对大塘村村民的救治，在她心里，每个生命生来平等，医生就是要抛开一切救死扶伤。

因是医者，所以仁心

几年前，距离大塘村四公里左右的刚边寨，有个十二岁的孩子患了肠套叠。所谓肠套叠，是指一段肠管套入与其相连的肠腔内，并导致肠内容物通过障碍，可引发腹痛、呕吐、发热等症状。为了治病，孩子的父母已花光所有的积蓄，甚至还欠下了几千块钱的债。但为人父母的怎么可能放弃自己的孩子呢？就在无计可施的时候，他们听到大塘村的李春燕医生不仅医术高还心地善良，可以赊账看病，于是他们背着孩子走了近一小时，来到了李春燕的卫生室。知道孩子的情况后，李春燕表示愿意收治这个刚边寨的孩子，为了让孩子一家免于奔波，她每天提着装满药品的竹篮，在大塘村卫生室和刚边寨孩子的家之间往返。两个月下来，她瘦弱的身子显然吃不消这样的工作强度。后来，在征得孩子父母和家人的同意后，她把孩子接到了自己家里。李春燕的丈夫知道情况后，不仅没有抱怨，甚至把自己开农用车赚来的钱都用来买救治孩子的药，直到孩子康复。历时三个月，孩子的身体终于康复了。他的父母来李春燕家接孩子时，看到孩子活蹦乱跳的，激动地要跪下感激李春燕。因为没钱付医药费，他们把家里仅有的一袋玉米送到了卫生室。这样的"蠢事"，李春燕做了不少，但她总是无怨无悔。也正是因为这样赊账的事情越来越多，卫生室入不敷出，家里所有值钱的东西都搭进了卫生室。想到这里，李春燕感到万分羞愧，觉得自己太对不起家人了："我一个人的梦想，却要让家里人为之牺牲，我觉得特对不起家人。"

苦苦的支撑还是没有能够熬过残酷的现实。很快，卫生室的药品用完了，没有资金的李春燕跑到县城哀求药店的老板赊药，可是已经没有药店再愿意赊药给她。李春燕只能选择暂时放弃卫生室，和丈夫一起离开家乡外出打工赚钱。

李春燕准备南下打工的消息逐渐传遍整个大塘村，没想到，在准备离开大塘村的前一天，一群村民如潮水般涌进了她家里，李春燕被这突如其来的阵势吓了一跳。村民们排成一队，手里捏着皱巴巴的一元、两元甚至更小面值的零钞，问道："李医生，你可不可以不要走？是不是只要我们凑够钱，你就不会走？"李春燕最终选择继续留在大塘村，虽然对以后的日子还是感到无比迷茫，然而，大塘村村民期盼的眼神让她明白，在这个世界上，必须有人迎难而上，守护这片土地上的人的生命健康。李春燕就是这样的人。

救治早产儿，引多方关注

2004年10月3日中午，李春燕永远都不会忘记这个日子。一位村民鞋都没穿，急急忙忙地跑到李春燕的家，敲着门告诉她家里的孩子要出生了，可是还不满七个月，他们担心早产的孩子有危险，也没钱送医院，只能拜托李春燕去帮忙接生。李春燕顾不上跟周边人说话，跟着村民火速往产妇家里跑。在安顿好产妇和孩子之后，李春燕拖着疲惫的身子回了家。可就在李春燕准备休息的时候，这户人家又跑来找她，大喊着："不好了，医生，我娃儿不行了。"李春燕甚至顾不上穿鞋，又往孩子家跑去。路上碰巧遇到几位在大塘村进行社会调查的记者，记者出于好奇跟着一起过去。当李春燕再次见到孩子的时候，孩子的脸色早已发紫，呼吸逐渐微弱。李春燕迅速做出判断——孩子出生时吸入羊水过多，导致呼吸不畅。李春燕抱过孩子，按压孩子的胸腔，可几分钟过去，孩子依旧没有反应，她先是吸了一口气，然后凑过去，给孩子做起了人工呼吸。随行的记者赶忙联系车子送孩子去医院。疲惫不堪的李春燕刚到医院，就因体力不支昏了过去。不幸的是，尽管众人合力抢救，孩子最终还是没能挺过来。

这个悲惨的故事被参与抢救的记者记录了下来，在网络上引起了广泛关注，人们看见了这个偏僻山坳里村民们的艰苦与无奈，也看到了这个为守护乡亲们的健康而苦苦挣扎的医生李春燕。

经过媒体的报道，社会各界的爱心从四面八方飞到了县里头，捐款上写着"捐给李春燕医生"。在李春燕的强烈建议下，县里用这些爱心款项在各个村庄建了卫生站，苗寨乡亲们从此彻底告别了跳大神的"巫医"。

成名后的李春燕并没有被名誉冲昏头脑，她反而更清楚自己的身上所肩负的重担。只要有时间，她就参加培训，通过不断的学习来提升自己的业务能力。她对采访者说："其实我就是个乡村医生，也只想做个默默无闻的乡村医生。我想守住自己救死扶伤的初心，用爱守住村民们的健康。现在我们卫生站的工作非常忙，而且我还想考执业助理医师，并不太关注其他的事情……当然，我很感激国家和社会各界人士对我们的帮助，因为你们的帮助，我们的家乡肉眼可见地发生了变化，而且越变越好……"家乡的变化，让她感到无比欣慰。

名利并未阻挡李春燕继续奔走于田垄间为村民送去健康的步伐。也有人说，她没有编制，没固定工资，甚至连个像样的药箱都没有，做这么多吃力不讨好的事显得有点儿傻。可在另外一些人看来，事实并非如此，当我们"择一业，终一生"的时候，在某种意义上是对自己的成全，因为每一次的努力和坚持都会让我们的人生变得丰满且有意义。孩子们，如果你们有机会去贵州月亮山区大塘村，碰到拎着竹篮、大步流星的李春燕，你们会对她说些什么呢？她身上有没有你们想学习的地方呢？

步履匆匆的李春燕总说："还有许多村民等着我为他们治病。还有许多新的生命等着我用这双手去迎接他们的到来……"我相信时间早已经给了李春燕一个答案，她始终没有忘记一名医生的职责，哪怕在一些人眼里她只是一名"赤脚村医"。

"80后"乡村教师——张玉滚

张玉滚（1980—　）

河南南阳人。乡村教师，中共党员。现任河南省南阳市镇平县高丘镇黑虎庙小学校长，扎根黑虎庙小学二十年。二十年如一日，他任劳任怨，无私奉献："我愿意做一轮明月，守望这片希望之花，照亮山村孩子走出大山的路。"2018年被中共中央宣传部授予"全国岗位学雷锋标兵""时代楷模"称号，2019年荣获"感动中国2018年度人物""中国青年五四奖章""全国敬业奉献模范""最美奋斗者"称号，2021年被中共中央授予"全国优秀共产党员"称号。

扁担窄窄，挑起山乡的未来；板凳宽宽，稳住孩子们的心。前一秒劈柴生火，下一秒执鞭上课。艰难斑驳了岁月，风霜刻深了皱纹，有人看到你的沧桑，更多人看到你年轻的心。

——感动中国2018年度人物颁奖辞

他，二十年如一日地坚守在偏僻山村的旧教室，只为用知识点亮山里娃内心的火炬，改变他们的命运。他，日复一复地磨炼着自己的全科教学技能，用耐心和爱心浇灌着孩子们的读书梦。他就是"80后"乡村教师张玉滚，如火，如灯，照亮了孩子们前行的漫漫长路。

立志教学，勇敢追梦

1980年的冬天，伴随着一声啼哭，河南南阳的一个小婴儿来到了这个世界上，因为小脸胖乎乎、身材圆滚滚的，长得十分可爱，家里人给他取名为"张玉滚"。张玉滚在上小学的时候，曾在作文《我的梦想》里立下志向："长大后，我要成为一名优秀的人民教师。"转眼间，张玉滚已从师范学校毕业，他朝着自己的梦想前进着，从未懈怠过。

时间来到2001年6月，从大学毕业的张玉滚并没有选择留在自己上大学的城市，而是选择回到了生养他的小乡村，回到了他曾经的母校——这个坐落在河南省南阳市镇平县高丘镇北部山区的一所不甚起眼的村庄小学——黑虎庙小学。说起这个村子，很多人的第一反应便是摇头叹气。这里的生活实在是太苦了，周围的一座座大山像铁桶般倒扣在这片土地上，里面的人根本走不出去，就算运气好走了出去，也要吃没文化的亏。孩子们，也许你们会说，那就让这里的人好好学文化呀！学好文化再走出去不就行了吗？可是这里的孩子根本没有条件好好学习，究其原因，是没能留住老师。怎么会有人不想"走出大山，改变命运"呢？这里的人世世代代盼望着追求着，希望子孙后代有一天能够翻越这一座座大山，去看看外面那个绚丽多彩的世界。可是走出去哪有那么容易？没有知识充当翻山的工具，走出大山只能是一场空想。

此时，回乡的张玉滚在校长的带领下，望着眼前破旧的教室，心里有种说不出来的滋味。教室黑黢黢的，跟他记忆中的一模一样，原来这么多年过去了，这里并没有发生什么改变，还是只有几张破旧的课桌，一张破旧的水泥讲台。张玉滚不知不觉竟红了眼眶，这些年来，外面已然日新月异，自己的家乡却依旧破旧不堪、贫穷落后，校长还是原来的校长，教室也还是原来的教室……这时校长忍不住咳嗽了两声，高强度的工作早已让校长的身子日渐瘦弱，随之而来的病痛使他早已没有了当年的意气风发。他看着张玉滚，颤颤地说着："玉滚，我的身体越来越不好了，但孩子们肯定是要继续读书的，虽然这里只有十几个学生，可是一个都不能少，因为只有教育能帮助他们走出大山；只有走出大山，他们才有未来；只有他们有未来，咱们村才有希望……"说着说着，校长的眼眶也红了起来……上课铃响了，张玉滚的思绪也被打断了。

上课了，孩子们像自由的小鸟一样飞进教室，他们笑嘻嘻的，脸上还沾着泥巴，想必课间休息的时候玩得非常欢腾。在孩子们的眼里，仿佛眼前这破旧不堪的教室就像宫殿一般神圣，他们以最快的速度坐回到自己的座位上，等着校长上台给他们讲课。孩子们的眼神如此干净纯粹，充满了对知识的渴望。这一切都被张玉滚深深地刻进了脑海里，这一幕如此让人动容，他的内心已经有了明确的答案——他愿意留下来。因为他相信这颗教育的种子会在这里生根发芽，作为老师的他会带着孩子们，借助课本里的知识，认识外面的世界，让他们抵达更远的地方。就这样，二十一岁的他，毅然决然地选择留在了这所教育资源匮乏、交通不便、生源良莠不齐的黑虎庙小学，准备用自己的青春带领一批又一批黑虎庙孩子走出大山，走向外面那个更广阔的世界。

斗转星移，虽然只有四十多岁，但跟同龄人相比，今天的张玉滚更像是一位饱经风霜、历经磨难的年长者。只要他一笑，脸上便爬满了皱纹。算起来，他到黑虎庙小学已经二十几年了，这些年来，他始终坚守着内心的信仰，那颗种在内心深处的教育种子如今已长成参天大树。

保护教材，关爱学生

回想过往，只有张玉滚知道，刚来这里时的不便远比自己想象中的多得多。就拿交通这件事来说吧，由于这里位于大山深处，车子是进不来的，为了把课本送到孩子们手中，张玉滚只能用扁担挑教材，一扁担一扁担地，他就这样以愚公移山般的决心和毅力，将学生的课本挑进大山里，这一挑就再也没有停下来。令张玉滚犯难的是大山里的冬天，冬天的山里湿度大，地上的水常常结成了冰，即便是在平日里，山路也无比难走，现在无疑变得更加湿滑了，一不小心就会摔跤。有一年，眼瞧着马上就开学了，无论如何也得把教材从镇上挑回来，按时送进大山里，孩子们的学习可耽误不起呀！正月初十，天还黑漆漆的，张玉滚看了下时间，还未到凌晨4点，但他和同事路喜安还是毫不迟疑地挑起扁担出发了，他们在湿滑的山路上跋涉，至中午才到达高丘镇。此刻的他们早已饥肠辘辘，向路边人家问路的间隙也顺便讨一碗热水喝，就着从家里带来的几个凉馍，他们吃完又马不停蹄地赶路了。一定要在约定的时间赶到发放教材的指定地点啊！顺利拿到孩子们的教材和练习册后，两位老师仍旧丝毫不敢懈怠，挑着这几十公斤重的教材教辅抓紧时间往回走。

这一路，两人都十分沉默，不是因为他们不爱聊天，而是他们要把所有的力气都用在挑担子走山路这件事上。晚上10点多，他们才好不容易爬到山顶。此时，张玉滚和路喜安的肩膀早已

磨肿，脚上也磨出了许多水泡，每走一步都疼得
龇牙咧嘴。他们实在是抬不动脚了，看着喜安老
师涨红的脸，张玉滚率先开口："喜安老师，要
不我们休息下吧！走这么久了，也应该休息下
了。"他们就近找了个山洞，终于停下了脚步，
轻轻地卸下身上的扁担，然后一丝不苟地用油毡
把书本包裹起来，小心翼翼地放好，相视一笑。
夜晚的山顶又静又冷，两个人背对背靠着，闭上
眼休息。第二天天一亮，他们又继续赶路。功夫
不负有心人，他们终于带着孩子们的课本和练习
册回到了学校，两人一路奔波，腿上和身上都沾
上了泥巴，活脱脱像刚从泥坑里拔出来的两根萝
卜。他们赶紧将手往身上干净的地方抹了抹，然
后小心翼翼地打开那些裹得严严实实的书本，还
好还好，书本都是完好无损的，一点褶皱也没
有。张玉滚和路喜安又一次相视而笑，这一次，
他们眼里闪烁着"希望"的火苗。课本终于被完
整地送到黑虎庙小学了，孩子们的学业不会被耽
误，而这一切不就是希望的开始吗？一根长长窄

窄的扁担，挑起山里娃的"上学梦"，这话一点都不假。孩子们，看看山里娃来之不易的课本，你们手中的书本是不是忽然变沉了？书是多么值得被呵护呀，我多希望此刻看书的你们，好好爱惜书本，珍惜书本带来的精神食粮，感受知识给予我们的力量！

过了几年，黑虎庙小学从原本的十三名学生发展到了七十五名学生，而当中有四十多人选择在校住宿，生源规模的壮大离不开张玉滚的不懈努力。在这些孩子当中，有一部分是留守儿童（指的是爸爸妈妈去外地工作赚钱，只能留在村里跟老人一起生活的孩子），还有些孩子是单亲家庭，急需他人的关爱。张玉滚有个破旧的小本子，一直被他视若珍宝，上面清楚地记录着每个孩子的个人信息。张玉滚总是格外关注那些上了年纪的爷爷奶奶，他关心老人身体，也关心孩子们住在哪儿，上学是否需要接送，目前的学习情况以及生活中是否存在其他困难等问题。这些信息不仅被记在了张玉滚的小本子上，也被他牢牢记在了心里。

2014年6月初的一个晚上，大山里的天气依旧有点闷热。已经是晚上10点多了，张玉滚还在办公桌前批改作业，突然接到了张朋爷爷打来的电话，说孩子到现在还没回家。张玉滚赶紧在脑海里搜索了张朋的信息：父母在外地务工，他还在读学前班，平时跟爷爷奶奶生活在一起。张玉滚心急如焚，学校下午6点就已经放学了，这孩子怎么还没回到家呀？但愿没有出什么意外。张玉滚二话不说，来到正准备入睡的妻子身旁，将情况告诉她，说完，夫妻二人便拿起桌上的手电筒，一起走出了家门。一路上，张玉滚打着手电筒，心里满是担忧，一边找一边喊着张朋的名字，沿着张朋从学校回家的路寻找，生怕漏掉了哪个角落。夜晚的山路极其难走，路上，张玉滚的妻子还差点摔了一跤。就这样，夫妻俩大概走了七八里地，突然，张玉滚的妻子看到远处的大石头上好像趴着一个人。张玉滚连忙打着手电筒顺着妻子指着的方向照了过去，果然有个人。走近一看还真的是张朋，这孩子正趴在大石头上呼呼大睡，偶尔还发出哼唧声。看他睡得正香，张玉滚没打算叫醒孩子，他对妻子说，这孩子肯定是走山路走累了，索性找了块大石头睡下了，我把他背回家去吧！张玉滚蹲了下来，将孩子放在自己的背上。那个晚上，夫妻俩默不作声地背着张朋，走了整整一个小时的山路，最后把孩子安全送回了家。张朋的爷爷看着张玉滚和他的妻子走了这么久的路，想让他们进屋休息，张玉滚却连忙摆手拒绝，明天还要上课，他必须快点赶回去把作业批改好，明天孩子们还要用呢！是的，张玉滚就是这样一个人，时时刻刻想着自己的学生，把他们都当作自己的孩子，操心他们的学习和生活。

创造条件，寓教于乐

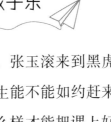

　　由于学校条件十分艰苦，张玉滚来到黑虎庙小学后，每天都在担心：学生能不能如约赶来上课，该以何种方式上课，怎么样才能把课上好，怎么样才能让学生听懂课上的内容……为了提升教学质量，张玉滚决定把自己打造成"全能型"教师，以解决师资不足的问题。为此，张玉滚给自己制定了"铁一般的纪律"，那便是"不耽误一节课，千方百计上好每一节课"。

　　在数学课上，张玉滚没有选择一开始就讲枯燥的理论知识，而是采用直观的教学方法，他带着孩子们一起互相协助，利用黑虎山上能够找到的一切材料来学习，比如说木头、钉子……他们用这些材料制作钟表表盘、正方形、圆形、长方形、正方体、长方体等数学教具，通过制作这些教具，孩子们不仅提高了动手能力，还在这个过程中发现了数学的魅力，由此爱上了数学。

在科学课上，张玉滚利用小村庄的地理优势，带领孩子们去野外实地考察，捡树叶、捡石头、挑树枝……通过亲自动手做各种各样的实验，激发他们热爱大自然和探究大自然的兴趣，这种寓教于乐的形式，让整个课堂在欢声笑语中度过。孩子们慢慢明白了很多科学原理，知道了为什么石头会沉入水中而叶子和树枝则会漂在水面上，知道了为什么能够钻木取火，知道了为什么叶片经过高温煮沸后会褪色……

在体育课上，虽然学校里缺乏体育设施，但孩子们却依然笑声爽朗，原来张玉滚老师正在和孩子们围成一圈玩抵羊斗鸡、跳格子……跑步当然是必不可少的，孩子们在热身运动后，一圈又一圈地在小操场上来回跑着。当然，时间允许的话，张玉滚还会组织孩子们爬山，爬到山顶，或一起看"夕阳无限好"，或"一览众山小"，在爬山的过程中，他也教会了孩子们坚持的意义。

在英语课上，张玉滚拿出了他早年从镇上

买来的录音机和磁带，轻轻地放置在讲台前，这可是他用省吃俭用攒下来的"巨资"买来的。买这台录音机的初心，就是为了让山里的孩子也能说一口纯正的英语。买来后，张玉滚利用周末时间，一遍又一遍地模仿磁带的发音，一遍一遍地跟着学。后来，为了让孩子的发音更正宗，张玉滚把录音机和磁带带到课堂上，一边播一边教，有时候一个发音让孩子们反复练上十几遍。当别人问他为什么这么执着于英语发音的时候，他挠挠头，一脸认真地说："英语发音当然要练好，我可不能让我的学生将来说一口黑虎庙英语，以后他们可是要去大城市读书的，我可不想让别人笑话他们！"在张玉滚的坚持下，黑虎庙小学的孩子们都能说出流利且标准的英语，这对一些大城市的学校来说都是极其不容易的，张玉滚却用实际行动做到了。

飞来横祸，坚守初心

  2013年10月，天刚露出鱼肚白，张玉滚便骑着摩托车准备到高丘镇中心学校开会。当时山上大雾弥漫，张玉滚看不清前方的路，一个急转弯，摩托车刹车失灵了，张玉滚连人带车飞了出去，撞上了一块大石头，直接摔晕了过去。更可怕的是，他还险些掉下悬崖。另一边，会议室里的人左等右等也没等来张玉滚，于是大家赶忙沿路去寻找。找到张玉滚的时候，他头上的鲜血已经凝固，整个人失去了意识，大家赶紧把他送到医院救治，后来在妻子的呼唤下，他才恢复了意识。在医生的悉心照顾下，张玉滚的身体慢慢恢复过来，可是在医院还没住上几天，他就急着赶回学校上课，妻子拗不过他，只好同意了。那一天，天空灰蒙蒙的，雨水打在教室的屋檐上，也打进了学生的眼眶里。在妻子的搀扶下，还缠着纱布的张玉滚重新站上了讲台。那一天，教室出奇地安静，每个学生都眼圈泛红，他们这一次更加深刻地感受到张玉滚老师对他们的爱有多么深沉。这二十多年来，最让张玉滚牵挂的，永远是他的那群孩子，那群热爱生活、热爱学习的孩子。

如今，在张玉滚和其他老师的努力下，黑虎庙小学顽强地"生存"着，一天比一天好。日复一日，年复一年，孩子们从这里走出大山，有的考上了重点大学，有的还继续深造攻读研究生，有的选择留在大都市，也有的像张玉滚一样，回到家乡建设自己的小村庄。他们不再是只能在小乡村打转的孩子，而是拥有了更广阔的天空任他们自由地翱翔。在张玉滚来之前，黑虎庙村只有一名大学生在这里任教，如今，已有十六名大学生留在这所山村小学教书，他们的内心早已种下了一颗颗教育的种子，这些种子早晚有一天会在这小村庄聚集成茂盛的森林。

"生命守护者"——缉毒警察

缉毒警察

也称禁毒警察，是指打击毒品罪犯的警察。他们是行走在刀尖上的人，因为他们的对手——毒贩，是最危险的罪犯之一。缉毒警察的工作内容包括：掌握毒品违法犯罪动态，研究制定预防、打击对策；组织、指导和监督对毒品犯罪案件的侦查工作，参与侦查或直接承办侦破重特大贩毒案件；组织、指导禁毒宣传和预防教育工作，开展整治易制毒化学品、精神药物和麻醉药品管理秩序专项治理行动等；掌握禁毒情报信息，指导、协调禁毒信息系统的建设和管理。

　　毒品问题在全世界日趋严重，危害人们的身心健康，并给经济发展和社会进步带来巨大威胁。毒品的泛滥已成为全球性的灾难，世界上没有哪一个国家和地区能够彻底摆脱毒品之害，在这种背景下，缉毒变得日益重要，缉毒警察也成了和平年代里不可或缺的"守护者"，他们负重前行，为老百姓的生命安全竖起了一块块坚不可摧的盾牌。

探虚实，勇闯毒村

　　窗外的雨越下越大，就像抓捕毒贩的那天一样。回想起那一天，胡警官心里有着说不出的滋味。此刻，他的思绪飞到了2012年2月10日那个特殊的日子。

　　那一天，像往常一样，胡警官在电脑前忙碌

着。这时，工作电话响了起来，胡警官接起电话，只听"嘟嘟嘟"的声音从电话另一端传来。不一会儿电话又响了，还是一阵忙音。直到第四次接电话的时候，电话那头才出现人声，是一个中年男子，说要举报博社村制毒。说完电话便匆忙挂断了，胡警官根本没有足够的时间向举报者了解实际情况，但第六感告诉他，这个举报信息很有可能是真的。也是在同一天，胡警官的同事在审讯贩毒人员的时候，发现了一名蔡姓毒贩的形迹十分可疑，经调查，发现该毒贩所在团伙的毒品数量巨大而且并非从境外偷运进来的，审讯过后才弄清楚，这些毒品是从一个村子流向毒品交易市场的，很显然，这是一起团伙制毒案件。

在上级领导的指示下，胡警官带上几名缉毒警察临时成立了专案组。在专案组夜以继日的努力下，缉毒警察们很快把制毒点锁定在博社村。为了顺利摸清博社村的制毒情况，胡警官决定乔装打扮，去村里面一探究竟。

为了不引起怀疑，胡警官穿上便装骑上电动车，往博社村的方向驶去。电动车靠近村子的时候，胡警官便被博社村村口岗哨站的村民拦了下来。胡警官心里想，这个村肯定有问题，如此"戒备森严"，里面一定有不可告人的秘密。拦住胡警官的人先开了口，带着十分厌烦的语气问道："你是谁？你不是我们村里的人，你来我们村干吗？"胡警官只能找借口搪塞，说想来看看以前打工的时候对自己有过帮助的一个工友，希望岗哨大哥行行好，让他进村见见以前的工友，了却多年心愿，毕竟欠人家人情是不好的。说完，胡警官把准备好的几包香烟塞给拦路者，就这样，胡警官顺利地把电动车开进了村里。孩子们，读到这里，你们是否佩服胡警官遇到问题时的临危不乱、急中生智呢？

果然，博社村跟别的村子很不一样，这个村只有一条很窄的主干道，刚好够一辆小汽车行驶，沿着主干道的楼房最多只有两层，高高低低的楼房结构使村子犹如迷宫一样错综复杂，不熟悉这里的人很难走出去。而熟悉这里的人，却能在遇到危险时候轻易翻身上房顶，转身便可消失不见。胡警官心里想，如果这个村真是制毒窝点的话，那么犯罪团伙铁定是不好追捕的。想着想着，胡警官刹住车，把电动车停靠在路边。他走近瞧了瞧房子，才发现家家户户都缺少门牌，而且还在门顶处安装了很多摄像头，透过虚掩的门可以发现里面还有一些发电机设备。已经快到初春了，不远处的村田却无人耕种，杂草丛生，一片荒芜。看着眼前的景象，胡警官内心对村子的怀疑又多了一分。为了寻找制毒的犯罪证据，胡警官打算先回公安局，将情况汇报给专案组的同事，之后再做下一步打算。

此时，负责审讯毒贩的何警官也有了新发现。多年来与毒贩斗智斗勇，他知道很多上有老、下有小的毒贩身上的人性并没有完全泯灭，他们的软肋就是家里的老人和孩子，所以他以此为突破口展开询问。在一次次的审问中，毒贩终于交代了他曾多次前往博社村的阿蔡家中拿货，而阿蔡每次都是刚从荔枝园回家。荔枝园和阿蔡家距离不到百米，那片荔枝园很有可能就是制毒点。

这一个突破口让专案组的成员们兴奋不已，他们决定根据胡警官凭印象画出的村庄地图以及贩毒分子提供的线索，由胡警官和何警官便装出动，进入村庄再探究竟。

再次出动的时间，选在了一个下着小雨的中午，因为在这样的天气里，人们更愿意选择待在屋子里睡午觉，而不是出门。何警官开着车，沿着博社村在山和海中间留下的小路前行。他很清楚，从村口到海边大约只有十分钟的路程。而后视镜里，盯梢的人骑着电动车一路尾随，何警官为了拖延时间则故意放慢车速。胡警官早在入村前便与何警官分头行动，此刻的他正凭着之前的记忆向荔枝园深处走去。雨后的山路并不好走，也正因如此，山路上没有任何人影。不一会儿，在废旧的茅草屋里，胡警官找到了一些废弃的制毒工具，这些工具上还残留着制作了一半的毒品，胡警官赶紧用手机拍照保存证据。为了不打草惊蛇，胡警官没有选择把制毒工具带回警局，而是准备悄然离开后再寻时机，他们决定放长线钓大鱼。毕竟这个村里不只阿蔡一个毒贩，即便将他抓捕了，也依旧还会有其他的制毒点，毒贩们仍旧会肆无忌惮，毒品还是会源源不断地流向市场。既然要抓毒贩，那就要将他们的老巢连根拔起，这样的抓捕行动才更有意义。

抓毒贩，雷霆行动

　　就在专案组讨论怎么收网的时候，传来了毒贩阿蔡逃跑的消息。毒贩不知从哪里听到风声，已连夜逃跑。在场的缉毒警察听到后非常窝火，难道这个村，真的无处下手吗？孩子们，如果是你们，面对这样的情况，你们会放弃吗？我们一起来看看，缉毒警察们是怎么做的吧。毒贩逃跑的消息并没有让缉毒警察们动摇将博社村制毒窝点连根拔起的决心，相反，他们正筹划着进行一次突击——"雷霆行动"。

专案组通过多次会议讨论，根据当地重视清明祭祀的习俗，确定了在清明节开展行动。因为博社村的宗族势力非常强盛，对于他们而言，清明节是非常重要的节日，到了清明时节，村里人都要放下手头工作进行祭祖，所以这些毒贩会选择在这个时间段停止制毒，自然也会放松警惕。这是一个很好的抓捕时机。为了防止出现之前那样抓捕消息被泄露出去的情况，专案组特意散出了一个假消息，声称要打击另一个地方的制毒团伙，试图先让博社村村民彻底放松警惕，再杀一个回马枪，打他们一个措手不及。

2012年的清明节越来越近，广东各地都下起了蒙蒙细雨。有了前车之鉴，这次的抓捕行动中，缉毒警察们都异常谨慎。清明节刚过，专案组派出了侦查员，提前到博社村的隔壁村埋伏，利用已被抓捕的嫌疑人，引诱出两名博社村的村民进行毒品交易，并当场将他们抓获。通过审讯，两名村民供出了多个制毒窝点。第二天午夜，大雨如注，但丝毫没有影响缉毒警察们抓捕嫌疑人的那颗火热的心。胡警官带领公安局里的四十多名缉毒警察一起出发，公安局增援了一百多名特警和武警一同进村抓人。因为是夜里，人们都还在睡梦中，抓捕非常顺利。侦查人员现场查获了冰毒成品一百四十多斤，缴获了一整套冰毒制毒工具，还有冰毒的半成品以及原材料。警察们把证据封存起来，往警车里搬。就在准备收网的时候，意想不到的事情发生了。十几辆摩托车把警车团团围住，村民们有的拿着斧头，有的拿着木棍，有的甚至还拿着菜刀……所有的摩托车车灯同时打开，村民个个对警察虎视眈眈，要求警察下车，叫嚣着让警察放了被捕的村民，不然就让警察出不了这个村。胡警官是一名老缉毒警察了，此前曾与各类犯罪分子进行过正面交锋，但今天这个场面他还是头一回遇到。本以为此次抓捕可以速战速决，没想到村里的毒贩如此猖狂，势力竟如此之大。双方在大雨中僵持了近一个小时。

就在这时候，博社村村委会主任东叔不紧不慢地出现在警察前面，他撑着一把伞，敲了敲警车的窗户，向警察表明了自己的身份。作为村民代表的他跟警察进行了交涉，希望警察能够释放被抓的犯罪嫌疑人。胡警官此刻可没有半点退意，他清了清嗓子，表明今天必须把他们带回局里审讯。在博弈之间，东叔口头答应让警察先把村民们带走。他之所以答应，完全是害怕事情牵扯到自己。面对这样的冲突，再加上当地警方的全面介入，东叔让村民们放下手上的凶器，并让摩托车骑手往后退，村民们照做了。就这样，警车顺利地把被抓的嫌疑人带出了博社村。通过审讯，村民们对自己制毒、卖毒的行为供认不讳。

一个多星期后，胡警官为了收集更多的证据，促进"雷霆行动"的开展，再次前往博社村。这一次来村里，他的"待遇"与之前全然不同，尾随他的人变多了，他完全没办法去任何地方。正当他想着怎么甩掉这些盯梢的人的时候，村委会主任东叔朝着他迎面走来。很明显，东叔接到了他进村的消息，他伸出手跟胡警官寒暄了起来，盛情邀请他到村委会办公室里坐坐。为了弄清楚东叔的目的，胡警官跟着他来到办公室。胡警官还没坐下多久，东叔便拿出一个信封，放在他面前，用手指头轻轻敲了敲信封。空气静得连呼吸声都听得见，东叔先开了口："胡警官，我其实蛮佩服你的。这么三番五次地盯着我们村，想必也是知道些什么。这里面有一张卡，一点小心意。"东叔顿了顿，摊开手掌在空中比着五这个数字，继续说道，"只要你不再来找我们村的麻烦，那这500万就是你的了。如果你不肯收手，那就别怪我们了。大家都是出来混的，都不容易，要学会互相帮忙。退一步讲，大家都是兄弟，没必要把事情搞得这么僵。你说，我说得对不对？"如此明目张胆且数额巨大的行贿，胡警官还从没见过。他沉默不语，看着东叔。东叔见胡警官不吭声，便把银行卡塞进胡警官的裤兜里，顺势趴在胡警官耳边说："密码是你的生日，我找人打听的。"胡警官不禁心里一颤：看来这家伙没少下功夫，肯定知道和我有关的一些信息了。这时候胡警官对东叔笑了笑，不慌不忙地说："钱就不必了，我来这里也不是为难你，我就是想来这里转一转，没什么别的想法。时候不早了，我也该回去了。"胡警官把银行卡放在村主任的办公桌上，转身离开了。

他早已对行贿见怪不怪了，这些包庇毒贩的人，想必其利益都被牵扯其中。制毒和贩毒带来的利益该是多么可观呀！这些所谓的"利益"可以让人放弃自己的信仰，泯灭自己的良心。东叔是一个村的村委会主任，曾立下誓言守护一方百姓，却在暴利面前选择知法犯法，走上了这样一条不归路。想到这里，胡警官不禁摇了摇头，留下一声叹息……

"雷霆行动"正式打响，整个专案组的警觉性空前提高。缉毒警察们总结了前两次的经验，做好了周全的应急准备。很快，警察里三层外三层，彻底包围了整个博社村。村里所有制毒贩毒的村民都被带走了，一起被带走的还有村委会主任东叔。当时的他，竟然跟毒贩在一起把酒言欢。

胡警官与东叔再次见面是在一个星期之后，只是此时的他已然风光不再。东叔满脸胡茬地戴着手铐，坐在对面接受审讯。胡警官很想替那些被毒品害得家破人亡的人问问他，是怎么做到如此狠心，为了短时的利益，竟蒙蔽良善的心。但胡警官觉得自己也不必问出口了，因为此时的东叔，仍然没有丝毫悔改之心，甚至还恶狠狠地骂了胡警官，并冷嘲热讽一番："我这辈子，钱多得花不完。手下一帮兄弟，你呢？一辈子都只能当一个穷酸的警察。"胡警官看他如此执迷不悟，便不再与他对话。等待东叔的，将是法律的审判、冰冷的牢房，以及人民的唾弃。孩子们，看到这里，你们是否和我一样愤怒呢？这样的一个人，仗着自己手中的权力，不为民办事，还助纣为虐，把信仰踩在脚下，他心里只有金钱和利益，全然忘记了人性的善良。我们一定要引以为戒，在成长的道路上，时刻提醒自己要树立正确的价值观。只有这样，才能走出一条光明的康庄大道。

路漫漫，行而不辍

其实当警察这些年来，胡警官对人性的了解愈加深刻而透彻。年复一年，在抓捕毒贩的过程中，他看到那些为了毒品而自甘堕落的人，如同魔鬼一般活着。有的女孩为了获得一点点毒品，选择去卖淫；有的父母为了获得毒资，甚至狠心把自己的亲生子女卖掉；有的身份显赫的成功人士，在被捕前，竟然会"扑通"一声跪在警察面前，哀求警察再给他一点毒品，让他再多吸一口……这一幕幕，时不时出现在胡警官的脑海中，就像电影画面一般放映着……"珍爱生命，远离毒品"不只是一句口号，它应该被重视起来。

现在这个社会，毒品更是五花八门。制毒贩毒的毒贩为了让更多人落入毒品的深渊，总是会想方设法地将毒品"打扮"一番。一些新型毒品在一些不正规的场所变身成奶茶、咖啡、饮料，有的则伪装成口香糖、糖果、巧克力。不懂的人，真的很难一眼识别出来。这些毒贩抓住年轻人的猎奇心理，向青少年伸出"魔爪"。很多青少年因为好奇尝了一口，结果没想到一次两次就上瘾了，从此走上了吸毒贩毒的不归路，这是缉毒警察最不愿意看到的。一个本该有着光明前途的人，却因为毒品葬送了美好的人生。所以，我们在校园里除了学习课堂知识之外，还要多参加安全意识培训课，提高防范意识，了解身边潜在的危险，学会保护自己。

胡警官看着窗外还未停歇的雨，深吸一口气，他深知缉毒警察随时随地面临着生命的危险。一有追捕毒贩的行动，同事们便会提前写好遗书。大家害怕在追捕毒贩的时候遭遇不测，无法向自己的家人交代。他们每个人都有着独特的代号，不能让毒贩知道真实的名字及家庭住址，更不能轻易在媒体上露脸，连接受采访时的画面和声音都要进行特殊处理。对于毒贩而言，如果知道了缉毒警察的真实身份，他们必定会想尽办法报复缉毒警察及其家人。为了更好地守护家人和老百姓，选择一辈子隐姓埋名是缉毒警察无奈且沉重的选择……作为缉毒警察，每多打击一次毒贩，每多销毁一克毒品，就意味着能让多一个家庭少受到伤害。他们默默地守卫着国家的安全，这种安全不仅是生命的安全，更是老百姓家庭的完整。也许他们最大的愿望便是"天下无毒"吧！

博社村的毒贩已经在"雷霆行动"中被逮捕了，整个村的制毒产业被连根拔起。但胡警官们的缉毒之路仍旧前路漫漫、道阻且长，只要有毒品出现的地方，"生命守护者"就必定会竖起盾牌保护我们。

真希望读完这篇文章的你们，能对缉毒警

察多一份了解和敬仰，也希望你们可以跟身边的人多讲讲缉毒警察的不易，让大家明白毒品的危害，珍惜和平年代下的幸福生活。希望每一个人都能"珍爱生命，远离毒品"，也愿"天下无毒"。